"Compliance es un Coche de Carreras."

Patrick Henz

1. Edición, Enero 2023

Derechos de autor © 2016, 2023 Patrick Henz, todas las imágenes son propiedad de Patrick Henz, si no se indica otra. Publicado por aix books. Reservados todos los derechos.

ISBN: 9798372197954

DEDICACIÓN

A los pilotos de carreras de Compliance.

CONTENIDO

	Introducción	i
1	Preparación	4
2.1	Motor / Valores	14
2.2	Chasis, Aerodinámica / Procesos, controles y herramientas	23
2.3	Suspensión / Conocimiento Cultural, Participación	27
2.4	Frenos / Ceguera ética	32
2.5	Telemetría / Comunicación de Compliance	35
2.6	Retrovisores / Competición	38
2.7	Tablero, Volante / Monitoreo	40
2.8	Patrocinadores / Compromiso	42
2.9	Luces / Estrategia	44
2.10	Neumáticos / Recursos de Compliance Adecuado y Capacitaciones	45
2.11	Asiento del conductor / Empleados de Compliance	52
2.12	Conductor de pruebas / Cerca del negocio	59
2.13	Casco / Evaluación de Riesgos Personales	61
3.1	Compliance: ¡Consigue tu coche de carreras!	63
3.2	El hombre-máquina	65
3.3	El taller	67

INTRODUCCIÓN

La idea de este libro es ir más allá de ser un manual de Compliance, ya que debe funcionar en varios niveles. Los recién llegados y los expertos pueden conocer las distintas partes de un sistema eficaz de Ética y Compliance. Las preguntas de la caja de herramientas ayudan al lector a comprender si el propio programa es adecuado o requiere optimización. Además, el libro demuestra que todas las partes del sistema interactúan entre sí, y el todo es más que la pura suma de elementos individuales.

Solo si el Oficial de Compliance crea activamente, o al menos está involucrado, las pautas y procesos, él o ella puede sentirse cómodo; como un piloto de carreras exitoso, que se vuelve uno con el auto.

Se ha implementado un sistema de Compliance, pero ¿qué hacer a continuación? En muchas empresas y organizaciones hoy en día, Ética y Compliance es una función establecida. Un momento adecuado para realizar una evaluación comparativa para comprender los próximos pasos necesarios para llevar el sistema al siguiente nivel. Tal comparación se puede hacer con funciones similares, pero los resultados más interesantes provienen de las comparaciones para completar diferentes procesos. La combinación de organizaciones e ideas inusuales es la fuente de inspiración y el pensamiento "fuera de la caja".

¿Ética y Compliance debe ser lo que es hoy o puede y debe ser algo más? Una pregunta a ser respondida por el lector o la lectora.

Especialmente en las regiones con mayor riesgo de corrupción, un sistema de Compliance eficiente brinda una ventaja comparativa, reconocida no solo dentro de la empresa, sino también por sus partes interesadas externas, como clientes y proveedores. Cuando una empresa está en competencia, esto incluye no solo a los departamentos de ventas o desarrollo de productos, sino también toda la organización, incluido su departamento de Compliance.

Debido a esto, una implementación de una sola vez no es suficiente, pero con evaluaciones de riesgo periódicas, el Oficial de Compliance debe asegurarse de que el sistema siga siendo líder y adecuado. Un punto de referencia puede apoyar. Esto se puede hacer con otros sistemas de Compliance, pero los enfoques innovadores y las inspiraciones también pueden provenir de comparaciones con algo completamente diferente.

Para el punto de referencia, comparé las numerosas partes de un programa de Compliance con un auto de carreras. Esto trajo ideas e ideas interesantes para mejorar:

1.0 Preparación

2.0 Las partes de un auto de carreras de Compliance exitoso
2.1 Motor / Valores
2.2 Chasis, Aerodinámica / Procesos, controles y Herramientas
2.3 Suspensión/conocimiento cultural, participación
2.4 Frenos / Ceguera ética
2.5 Comunicación de telemetría/Compliance
2.6 Retrovisores / Competición
2.7 Tablero, Volante / Monitoreo
2.8 Patrocinadores / Compromiso
2.9 Luces / Estrategia
2.10 Neumáticos / Recursos de Compliance Adecuado y Capacitación
2.11 Asiento del conductor / Personal de Compliance
2.12 Conductor de pruebas / Cerca del negocio
2.13 El casco/evaluación de riesgos personales

3.0 Conclusión

3.1 Compliance: ¡Consigue tu coche de carreras!
3.2 El hombre-máquina

Todos estos puntos diferentes habían sido una fuente para una transferencia de información para mejorar el sistema de Compliance. Así como es válido para un auto de carreras, también lo es para un sistema de Compliance efectivo; todas las partes son importantes; una parte faltante conduce al mal funcionamiento del todo. El máximo rendimiento requiere que todas las partes se afinen con precisión para que funcionen juntas sin problemas.

Otro hallazgo importante: los deportes de motor nos enseñan que incluso el mejor auto no es suficiente, también se necesita el mejor piloto, ya que ambos son igualmente responsables del éxito. Campeones como Tazio Nuvolari, Ayrton Senna, Michael Schumacher o los actuales Kimi Räikkönen o Sebastian Vettel no solo pudieron conducir sus autos al límite, sino que además los desarrollaron junto con el equipo. En consecuencia, los empleados de Compliance tienen que desarrollar, mejorar y conducir continuamente el Auto de carreras de Compliance.

1 - Preparación

A menudo, los negocios se comparan con la guerra, las empresas luchan entre sí, esto con el objetivo de destruirse entre sí. Tal estrategia presentaría el monopolio como el objetivo final, dando al oponente más débil la posibilidad de unirse a la empresa más fuerte, apartarse de su camino o ser destruido. Para lograr mercados prósperos y en crecimiento, este no es un resultado deseable. De hecho, los monopolios presentan efectos negativos sobre la economía y la sociedad similares a los de la corrupción. Para evitar tal escenario, la mayoría de los países han implementado leyes antimonopolio, que deben proteger y apoyar a las empresas más pequeñas ya la competencia misma. Los negocios no son comparables a la guerra, sino a una carrera. Si a los competidores les gustan o no sus oponentes, deben admitir que los necesitan. Esto por varias razones:

- Motivación: Sólo la presión continua por ser mejor que sus competidores, o al menos mantenerse al día con ellos, motiva a los empleados a dar lo mejor de sí y desarrollar soluciones ideales.

- Inspiración: Un producto se inspira en su procesador, pero también en los competidores. Los desarrolladores toman las ideas que les gustan y agregan otras adicionales. Con esto el crear un nuevo producto.

- Desarrollo de Mercados: Especialmente si el tipo de productos es nuevo, una sola empresa puede no ser suficiente para generar suficiente interés. Se puede observar un efecto similar para los minoristas. Varias veces, varios minoristas se encuentran en la misma calle o región. Por supuesto, esto significa más competencia, pero por otro lado, el lugar se vuelve más atractivo para los consumidores, ya que pueden encontrar todas las soluciones diferentes juntas. Esto es especialmente importante, si tienen que invertir tiempo (transporte público o privado) para llegar a este lugar.

La guerra significa matar, en los negocios no es así. Un mensaje importante, también para fomentar los valores y actitudes de los empleados, por ejemplo, cómo se debe tratar a las partes interesadas internas y externas. De forma similar a las diferentes temporadas de un campeonato, los empleados cambian de vez en cuando de equipo y empresa.

Al igual que en un evento de carreras, hay reglas que deben obedecerse, ya que sin ellas no es posible la gestión de la competencia. Para garantizar el derecho a participar en la carrera, la empresa u organización ha decidido implementar un sistema de ética y lo nombró Oficial de Ética y Compliance. El alcance de dicho programa incluye el Compliance obligatorio de lineamientos internos y leyes externas, pero puede y debe ir más allá. La ética y los valores incluyen el trato justo de fuentes internas y socios externos. El objetivo es la sostenibilidad, la "maximización de los beneficios a largo plazo", en otras palabras, ganar el campeonato no solo en carreras individuales.

Tu primer paso será asegurar tu independencia y capacidad para tomar decisiones. En cuanto a un director de equipo de deportes de motor, es imperativo tener la autoridad exclusiva para tomar decisiones relacionadas con los deportes y exigir que el director general de la empresa no interfiera, también el Oficial de Compliance necesita esta independencia. Para ser verdaderamente independiente, Compliance debe reportar directamente al CEO. Si son parte de una organización global, los Oficiales de Compliance Local no deben informar a la gerencia local, sino al Oficial de Compliance Global. De no otorgarse tal o similar independencia, el Oficial de Compliance deberá considerar declinar esta responsabilidad.

A día de hoy muchas empresas ya tienen implantado un sistema eficaz. Si eres nuevo en los deportes, un análisis de estos ejemplos es un buen punto de partida. Como para todas las decisiones comerciales, "hacer o comprar" es una estrategia relevante. Un programa completo de Compliance no se puede comprar ni subcontratar. No obstante, se pueden comprar o arrendar herramientas individuales, por ejemplo, para la gestión de la línea directa de denunciantes, socios externos o evaluación de riesgos.

Con muchas superficies blancas en su coche de carreras y propulsado por un motor Ferrari, el coche Haas Formula One 2016 recordó a los espectadores al famoso North American Racing Team, fundado en 1958 por el amigo y socio comercial de Enzo Ferrari, Luigi Chinetti. A pesar de esto, no hay una relación directa. El propietario del equipo, Gene Haas, explicó su estrategia de entrada para la temporada 2016, después de observar el campeonato durante varios años. A diferencia de muchos otros equipos, Haas F1 intenta comprar la mayor cantidad de piezas posible y fabricar la menor cantidad posible. Para ello, el equipo no solo compra el motor a Ferrari, sino también la transmisión, la suspensión y los amortiguadores. Además, el equipo se tomó su tiempo para observar activamente antes de ingresar al Campeonato. 2015 aprendieron de la Scuderia Ferrari como su mentor, no de forma gratuita, como mostraba el logotipo del patrocinador en el coche de carreras Ferrari 2015 SF15-T. Pero esta inversión inicial dio sus frutos.

Otra similitud entre N.A.R.T. y Haas, ambos de confianza en conductores mexicanos; N.A.R.T. Tuvieron Pedro y Ricardo Rodríguez, Haas Esteban Gutiérrez. Ambos hermanos Rodríguez podrían sumar victorias para el equipo N.A.R.T.-Ferrari, incluidos los 1000 km de París, los 2000 km de Daytona o las 12 Horas de Reims. Debido a sus logros, el autódromo de la Ciudad de México recibió su nombre: "Autódromo Hermanos Rodríguez". ¡Un buen augurio para Haas, no solo para el Gran Premio de Fórmula Uno

"Compliance es un Coche de Carreras."

de México de 2016!

Para Compliance México no es solo un país con un mayor índice de corrupción percibida, sino también expertos en Compliance motivados y capacitados. Un grupo de ellos se reunió en el "Foro de Ética y Compliance de México" y utilizó esto como base para crear el "Manual de Ética y Compliance de México". Una fuente gratuita, que podría ser utilizada por todos los hispanohablantes.

2015: Ferrari SF15-T, 1.6L, V6, design by Simone Resta

Si hay tiempo, antes de comenzar la implementación de un programa de Ética y Compliance, se debe realizar una evaluación de riesgos detallada. ¡No existe un sistema de Compliance "uno para todos" y hay una diferencia sustancial si desea participar en la Fórmula Uno, 24 horas de resistencia, Touring Car o Rally Championship! Cada negocio tiene sus riesgos y posibilidades particulares, lo que requiere un sistema de Compliance específico y hecho a la medida.

Un aspecto interesante para la creación de un sistema de Compliance es la situación local. Algunos ejemplos:

La corrupción es un comportamiento aprendido. Las personas que aprendieron sobre la corrupción desde una edad temprana y cómo esto condujo a los resultados deseados, por ejemplo, evitar una multa por exceso de velocidad, probablemente usarían esta estrategia también como empleados de la empresa.

Ahora, con un sistema de Compliance implementado, tendrían que usar dos comportamientos diferentes, lo que eventualmente puede traerles problemas. Para reducir este riesgo, el taller de ética no debe limitarse a informar a los empleados sobre las leyes externas y los procesos internos, sino también inspirarlos y motivarlos a aplicar lo aprendido no solo dentro de la empresa, sino también en su entorno privado. Para ello, el Oficial de Compliance deberá presentar las relaciones entre la corrupción y su costo para la sociedad y todos los ciudadanos. Además de esto, la formación debe proporcionar habilidades y conocimientos sobre cómo se puede detectar la corrupción y dar ejemplos de cómo un ciudadano puede reaccionar adecuadamente. Al hacerlo, se puede alcanzar una cultura corporativa positiva basada en valores, incluso en un entorno hostil. Los empleados estiman y protegen un ambiente de trabajo positivo de conformidad con las leyes y los valores personales, especialmente si conocen otras condiciones de trabajo de sus trabajos anteriores o contadas por sus amigos y familiares.

- Aunque los empleados trabajen, primero, para recibir un salario, sienten una necesidad interna de una autopercepción positiva (estar orgullosos de sí mismos), que incluye la empresa para la que están trabajando, ya que pasan un tiempo relevante de la día allí. "Orgulloso de trabajar para esta empresa" es una parte no tangible del salario. Un factor importante, especialmente para los empleados, que ya están en un nivel superior en la pirámide de Maslow, la "Jerarquía de Necesidades". Si este factor motivacional no está disponible, la empresa debe sustituir el orgullo por salarios más altos.

- Para maximizar la búsqueda de rentas económicas, los empleados de una empresa corrupta ya no dedican su tiempo de trabajo a sus tareas oficiales, sino a pagar y ocultar el soborno. Como esto va en contra de los valores e intereses personales, su nivel de motivación baja y se nivelan las bajas por enfermedad y la rotación de la empresa.

- Si la corrupción es generalizada en una sociedad y los empleados no tienen la posibilidad de cambiar a una empresa transparente, se quedan dónde están, pero renuncian mentalmente. La empresa pierde potencial, especialmente en el mercado global, donde compite con empresas transparentes.

- Además, esto significa una desviación de los valores fundamentales y el código de conducta de la empresa, ya que la mayoría de las entidades definen aquí su visión de sostenibilidad y el deseo de ser percibidos como un buen ciudadano global. Si la empresa no protege sus valores

"Compliance es un Coche de Carreras."

en consecuencia, esto puede ser el comienzo de una corrosión persistente.

Si definimos que el Compliance es un coche de carreras, un particular es un coche de calle. Suficiente para las decisiones menos arriesgadas de la vida diaria. Pero en un país de alto riesgo, incluso la vida privada entra en contacto con la corrupción, como en forma de pagos de facilitación o el uso de piratería de productos. Para resistir estas tentaciones, el tranvía debe ser fuerte y similar al auto de carrera de la empresa.

En general, hay dos opciones para que un fabricante participe en carreras de autos:

- Usan su tranvía existente y lo afinan profesionalmente para convertirlo en un auto de carrera competitivo. Un ejemplo de esto son los campeonatos de turismos.

- Desarrollan un coche de carreras puro sin relaciones técnicas con los coches de calle existentes. Una vez que se ha realizado este paso, a menudo derivan una versión sintonizada compatible con la calle de este auto de carrera. Un ejemplo son los Campeonatos de Rally.

Debido a la segunda opción y basándose en el coche de carreras, el fabricante produce una versión adicional como tranvía. Un concepto conocido de los deportes de rally, donde los fabricantes deben presentar una pequeña cantidad de producción del automóvil para lograr la licencia que se le permite a este automóvil para el torneo.

1971: Lancia Stratos, 2.4L, V6, 240ho, 980kg, design by Bertone (Marcello Gandini)

Lancia presentó en 1971 el primer automóvil, que fue diseñado explícitamente para participar y ganar el Campeonato Mundial de Rally, el Stratos HF ("Alta fidelidad"). Pero había un problema en este punto, la FIA ("Fédération Internationale de l'Automobile", en francés, "Federación Internacional del Automóvil") no permitía la participación de prototipos puros, sino que exigía una pequeña producción de al menos 500 unidades. Después de negociaciones, al año siguiente esto se redujo a 400 autos, por lo que Lancia produjo este número de Stratos Stradale. Esta versión civil del auto de carrera original había sido como el original, solo incluía algunos cambios para recibir los permisos locales para que los clientes pudieran usar el auto en la vía pública y el tráfico diario. Como en esta imagen, si un sistema de Compliance en un país de mayor riesgo debe ser sostenible, los empleados deben mostrar el mismo comportamiento dentro y fuera de la organización. Debido a la impunidad local, puede ser común utilizar pagos de facilitación para acelerar los procesos o sobornar a la policía para evitar una multa por exceso de velocidad. Dentro de una empresa, tal comportamiento no es tolerable, ya que significaría no solo violar las regulaciones anticorrupción locales, sino también globales. Para evitar riesgos, los empleados deben trabajar y vivir en base a los mismos valores; cada tranvía (empleado) debe ser tan fuerte como el coche de carreras de la empresa.

Si la empresa tiene su sede en una región de bajo riesgo, se puede utilizar la otra vía. Un sistema de Compliance recientemente implementado puede basarse en valores y el conocimiento de la ley local. Pero la corrupción y el comportamiento correspondiente para evitarla, son procesos aprendidos, tales empleados tendrían que estar preparados, si viajan a regiones de alto riesgo.

En los campeonatos de turismos, los fabricantes suelen tomar su tranvía como base y lo actualizan a un coche de carreras. Alfa Romeo presentó en 1992 su sedán de tamaño mediano, el 155. Desde el principio, este automóvil debería continuar el éxito de la compañía en los turismos deportivos, por lo que el departamento de carreras de Alfa presentó el mismo año la versión de carreras, el 155 GTA, que ganó el premio italiano. Campeonato de Superturismo. Un año después, el 155 V6 TI arrancó con éxito en el Campeonato Alemán de Turismos y aseguró el título para su piloto Nicola Larini. Otras versiones del 155 ganaron los campeonatos de turismos de España y Gran Bretaña.

1996: Alfa Romeo 155 V6 TI, 2.5L, V6, 480hp @ 11900rpm, 300km/h, 1060kg, design by I.DE.A. Institute (Ercole Spada)

Para decidir qué debe ir primero, la calle o el auto de carrera, existen diferentes índices globales para usar:

- "Índice de Percepción de la Corrupción de Transparencia Internacional": El IPC "clasifica a los países y territorios en función de cuán corrupto se percibe que es su sector público". Para esto, el CPI obtiene datos de otros doce índices, incluidos los Indicadores de Gobernanza Sostenible de la Fundación Bertelsmann, Freedom House Nations in Transit, Global Insight Country Risk Ratings, la Encuesta de Opinión Ejecutiva del Foro Económico Mundial y el Índice de Estado de Derecho del Proyecto de Justicia Mundial.

- "Índice de contribuyentes de sobornos de Transparency International": el BPI "clasifica a 28 de las economías más grandes del mundo según la probabilidad percibida de que las empresas de estos países paguen sobornos en el extranjero". El BPI es menos conocido que el otro índice de Transparency International, el CPI; sin embargo, es muy interesante, ya que además de los resultados iniciales, para mostrar la probabilidad de que una empresa soborne fuera de su país de origen, puede suponer que las empresas normalmente comienzan a crecer dentro de un país, antes de expandirse a otros. Se puede concluir que si usan sobornos fuera de su territorio de origen, es probable que hayan aprendido esta "estrategia" como un comportamiento comercial exitoso antes dentro de él.

- "Barómetro Global de la Corrupción de Transparencia Internacional". A diferencia de sus otros dos índices, para el GCB, los cuestionarios no son llenados por expertos, sino por ciudadanos normales, que deben representar a la población total.

- La matriz TRACE mide el riesgo empresarial relacionado con el gobierno, las leyes antisoborno y su aplicación, la transparencia local y la capacidad de supervisión de la sociedad civil.

- Índice Global de Impunidad UDLAP: Ser transparente es el primer paso para una región, pero se requiere que no solo se detecte la corrupción, sino que se siga una acción adecuada. Para asegurar una cultura Corporativa adecuada, es imperativo que las violaciones potenciales reciban una respuesta adecuada. Esto significa que la respuesta debe estar relacionada con la acción y no con el nivel del empleado que tiene dentro de la organización. Nadie podía estar por encima de las directrices internas. Si los empleados no creen en eso, no percibirán a Compliance como el asesor de confianza.

- Índice de Paz Global. El Instituto de Economía y Paz elabora este índice a partir de 23 indicadores cualitativos y cuantitativos.

- Portal Empresarial Anticorrupción. Sin índice, sino un portal integral con información sobre la mayoría de los países, incluida la corrupción empresarial y el entorno legal.

- Índice Mundial de Libertad de Prensa. La libertad de prensa significa libertad de información y asegura la calidad de la información. El índice anual es elaborado por la entidad no gubernamental con sede en Francia "Reporters Without Borders" (en francés: "Reporters Sans Frontières"). Los temas relevantes son el pluralismo, la independencia de los medios, el entorno de los medios, la autocensura, el marco legislativo, la transparencia y la calidad de la infraestructura.

La mayoría de los índices, con subdivisiones en países, no presentan mayores detalles. Los países son diversos, algunas regiones tienen un mayor riesgo de corrupción que otras. Los índices son un buen punto de partida, pero podría ser necesario profundizar y obtener más información regional.

"Compliance es un Coche de Carreras."

Elaborar un sistema de Compliance en sí mismo es como la creación de un auto de carreras exitoso. Esto no se puede hacer de la noche a la mañana, y el primer diseño normalmente aún no es un ganador. El equipo de Fórmula Uno McLaren se fundó en 1963 y les tomó cinco años ganar la primera carrera de Gran Premio. En el 74 ganaron el Campeonato de Pilotos y Constructores.

El primer borrador debe ser una buena portada que aborde los factores de riesgo de la empresa. En general, esta primera versión de nuestro coche sigue siendo demasiado pesada, ya que los procesos y controles son más burocráticos de lo necesario. Pero para encontrar posibilidades de reducir esa burocracia, es necesario ver cómo se comporta el coche de carreras en la pista, también en relación con sus competidores. Las conferencias de Compliance son una oportunidad para aprender de las mejores prácticas de otras organizaciones, que pueden adaptarse a nuestros procesos internos.

El Oficial de Compliance debe ser honesto consigo mismo, si la implementación de dicho programa se puede hacer solo o necesita un apoyo especial en la fase de implementación. A menudo, el CO responsable tiene antecedentes legales o económicos, que no incluyen automáticamente habilidades en gestión de proyectos, recursos humanos o TI. Puede ser adecuado incluir empleados temporales de otros departamentos en el proceso de implementación, especialmente porque no se deben subestimar las resistencias de los empleados. La introducción de un sistema de Compliance siempre significa un cambio de cultura y los empleados deben salir de sus zonas de confort conocidas. Para ello, el Oficial de Compliance podrá iniciar con la creación del motor, que representa integridad y valores; el corazón de nuestro coche.

2 – Las partes de un auto de carreras de Compliance exitoso

2.1 – Motor / Valores

Las actualizaciones del sistema de Ética y Compliance existente, o incluso una primera implementación del mismo, requieren un fomento adecuado de los valores de la empresa ("tono desde arriba"), incluido que el CEO debe informar sobre los cambios por venir. Esto para asegurar que el mensaje llegue a todos los niveles dentro de la organización. Si no se brinda este apoyo de alto nivel, el sistema de Compliance nunca será efectivo o, en otras palabras, nuestro auto de carrera no será un ganador. Solo si los niveles más altos se involucran y se sienten obligados a cumplir con los procesos, al igual que todos los demás empleados, el nuevo sistema de Compliance puede tener éxito. Para superar la supuesta resistencia, debe desarrollar aún más el motor y hacerlo lo más fuerte posible. Las reuniones pueden preparar a los empleados para el cambio. Primero, la gente tiene que entender la necesidad, la ventaja a largo plazo de un sistema de Compliance eficiente y cuando esto se alcance para la mayoría de los empleados, la información debe fluir, cómo ocurrirá este cambio, por ejemplo, qué tipo de nuevas herramientas y procesos. será implementado. Al hacerlo, debe ser consciente de que no todos los empleados podrán adaptarse a la nueva realidad. Algunos de ellos preferirán dejar la empresa y algunos incluso deberán separarse. Esto puede volverse difícil temporalmente para la organización, ya que la experiencia y el conocimiento importantes se irán, pero a la larga, los nuevos procesos transparentes ayudarán a los jóvenes talentos a desarrollarse, permanecer en la empresa y convertirse en miembros válidos del grupo.

1959: Cooper Ferrari T51

"Compliance es un Coche de Carreras."

En 1959, el equipo Cooper ganó por primera vez un Campeonato Mundial de Fórmula Uno con un automóvil con motor trasero. Antes de eso, todas las construcciones ganadoras tenían el motor en la parte delantera, como un coche de caballos clásico. Desde el 59 en adelante, todos los autos ganadores de Fórmula Uno tenían el motor en la parte trasera. Inspirados en estos autos monoposto (en italiano, "monoplaza"), también los prototipos deportivos más grandes cambiaron la posición del motor. Aquí no directamente hacia atrás, sino hacia el medio, entre los ejes. Esta puede entenderse como la mejor posición dentro de un coche, donde antes se sentaban los conductores. Tuvieron que renunciar a su posición preferida, para que el motor, el corazón del coche, pudiera ocupar su lugar.

1971: Lancia Stratos Zero, 1.6L Straight 4, design by Bertone.

Si asumimos que el motor representa nuestros valores, es una imagen gráfica de que estos nuestros valores ocupan el lugar preferido en el automóvil. Esta nueva estructura permitió al diseñador crear un automóvil más aerodinámico con un enfoque más bajo.

El Atlanta High Museum of Modern Art presentó en 2014 su exposición "Dream Cars", que contó con autos conceptuales de 1933 a 2001. Dos de sus exhibiciones vinieron directamente de Italia, el Ferrari 512 S Modulo de 1970 y el Lancia Stratos Zero del mismo año. . Para el segundo, Bertone llevó al extremo el objetivo de crear un coche lo más bajo posible, ya que el Stratos medía solo 33 centímetros de altura. Como resultado, nuestro "auto de Compliance" tuvo una aceleración más rápida, una velocidad máxima más alta y un mejor manejo. En conjunto, una ventaja competitiva frente a una empresa que no mantiene sus valores en primer lugar. Esto es fácil de explicar, un entorno corporativo basado en reglas funciona bien, si no surgen situaciones comerciales inesperadas. Las pautas se basan en la experiencia y el conocimiento. Las situaciones imprevistas no son predecibles y no pueden definirse completamente dentro de las regulaciones. Esto presenta un área gris para los empleados, donde el individuo debe interpretar lo que está permitido y lo que la empresa espera de ellos. Sin valores personales y corporativos fuertes, tal situación, junto con diferentes presiones comerciales, puede conducir fácilmente a decisiones equivocadas. En la carrera, la compañía del motor delantero se queda atrás de la del motor central. Si la gestión del motor delantero no acepta esta velocidad más baja y trata de mantenerse al día con la empresa moderna, el riesgo de accidente se vuelve significativo.

A diferencia de las carreras, para los autos de calle, el motor delantero siguió siendo la mejor solución. El motor central se mantuvo limitado a autos conceptuales y deportivos de alta gama. El motor trasero tuvo su éxito en el Volkswagen Beetle y otros autos, pero con la excepción de los Porsche de hoy, se volvió distinto. Esto por una razón simple, en las carreras el concepto de motor central significa una mayor competitividad, pero conducir un automóvil de este tipo en condiciones limitadas requiere un conductor talentoso y experimentado, ya que el vehículo es muy sensato y una decisión equivocada puede provocar que el automóvil se rompa y no es posible mantener el coche en la pista o en la calle.

General Motors desarrolló un automóvil compacto inspirado en modelos europeos. La empresa decidió tener el motor en la parte trasera, como Volkswagen o Skoda. El resultado fue el Corvair de 1959. Las ventas del automóvil comenzaron a ser prometedoras y ya al año siguiente se convirtió en el "Auto del año" de Motor Trend. Pero pronto el destino debería cambiar, ya que debido a su construcción, el manejo del Corvair era bastante difícil y se dejaba llevar por accidentes. El político estadounidense y activista por los derechos del consumidor Ralph Nader dedicó un capítulo completo al Corvair en su libro del 65 "Unsafe at any Speed". La imagen del coche quedó destruida y en el 69 se detuvo la producción sin sucesor directo.

"Compliance es un Coche de Carreras."

1959: Chevrolet Corvair: 2.3L, Flat 6, 80hp

Como el tráfico público normal está muy regulado, las normas y los controles son suficientes; valores no traen un mayor beneficio. La posición correcta de los motores se puede expresar así:

- Un entorno de negocios altamente flexible requiere valores fuertes, y una cultura corporativa basada en reglas llega fácilmente a sus límites. Un ejemplo típico es el departamento de ventas.

- Por otro lado, un ambiente altamente regulado y repetitivo funciona bien si se enfoca en reglas y regulaciones. Aún así, los valores juegan un papel importante, ya que los empleados deben proteger las reglas. Si un empleado las viola, otros deben ponerse de pie y denunciarlo. Un ejemplo de esto es una producción en línea de montaje.

Esto subraya que es imperativo que todos los empleados reciban una formación básica en Ética y Compliance. En base a esto, los diferentes grupos de riesgo deberían recibir capacitaciones avanzadas relevantes para asegurar decisiones adecuadas dentro de las áreas grises, o áreas al menos percibidas como grises.

Los ingenieros, como todos los empleados, son personas creativas si se trata de la necesidad de descubrir los límites de las leyes y directrices. El ingeniero de carreras de Brabham, Gordon Murray, lo llevó al grano: "Leí el requisito y encontré un vacío legal". En cuanto al Compliance de las especificaciones técnicas, este es un comportamiento deseado, ya que incluso los pequeños cambios técnicos pueden tener un impacto significativo en los costos y el rendimiento. Esto es contrario a los valores y códigos de conducta de la empresa. Dado que incluso en los documentos mejor redactados puede encontrar una laguna potencial, es imperativo que la gerencia deje en claro que la empresa espera cumplir con las palabras y el espíritu de la directriz. Si falta una guía tan clara, los empleados deben asumir lo que se espera de ellos. Al hacerlo, están expuestos a diferentes presiones empresariales y sociales. Pueden repetir un comportamiento exitoso con respecto a las especificaciones técnicas y reflejarlo en temas éticos y legales. El resultado es que se explotan las lagunas y las áreas grises identificadas. Con esto, los empleados comienzan a trabajar en contra de la visión de la empresa y ponen en riesgo su estrategia de sustentabilidad, ya que al ir al límite y más allá, se pierde la seguridad jurídica.

1978: Brabham Alfa Romeo BT46, 3.0L, Flat 12, 520hp @ 12000rpm, designed by Gordon Murray

Con un segundo lugar en Argentina y un tercero en Brasil, el equipo Brabham Alfa Romeo tuvo un buen comienzo en el Campeonato de Fórmula Uno de 1978, pero desafortunadamente sufrió problemas técnicos en las siguientes dos carreras. El equipo era consciente de que su coche en general es competitivo, pero aún con una pequeña diferencia con respecto al más rápido y un problema de fiabilidad. Una situación desafiante, ya que tenían que concentrarse en dos problemas al mismo tiempo. Luego, a mitad de temporada, en el Gran Premio de Suecia, el auto presentó un ventilador en la parte trasera del motor, oficialmente para aumentar el enfriamiento, pero con el efecto secundario favorable de generar niveles relevantes de carga aerodinámica para crear efectos de suelo y aceleración superiores. . Gracias a ello, Niki Lauda pudo ganar el primer Gran Premio de la temporada. Ya antes de la carrera del domingo, los oficiales recibieron las primeras protestas de otros equipos y para evitar descalificaciones posteriores, el equipo decidió no volver a utilizar esta tecnología después de ese fin de semana. Debido a la retirada, nunca se llegó a una investigación oficial o a una decisión sobre si la tecnología estaba en contra de las reglas o no. Desde un punto de vista puramente legal, Brabham no violó las pautas, ya que el tema aún no estaba definido. Desde el lado de Compliance, el enfoque es diferente, "ya que el hecho de que una práctica comercial sea legal no significa que sea ética". Esto no solo por ser ético en sí mismo, sino que, como en un juego de ajedrez, una acción provocará una acción contraria. Esto puede ser por parte de un competidor, cliente o proveedor, pero también de otras partes interesadas, como vecinos directos, el medio ambiente o la sociedad en general. Especialmente en tiempos de las redes sociales un riesgo relevante.

Un programa de Compliance eficaz define el patio de recreo donde los empleados pueden actuar dentro y vivir su creatividad. Las directrices definen como finas líneas rojas lo que está permitido y lo que no. La burocracia y los entornos técnicos y legales cambiantes hacen imposible que el 100 % de todas las actividades comerciales potenciales puedan definirse mediante regulación. En lugar de una línea roja, tenemos un área gris, en la que es para que el empleado no entienda claramente lo que cubre una ley. Además, por falta de un lineamiento, el empleado debe asumir lo que la gerencia espera de él. Los valores de la empresa pueden apoyar aquí, pero sin embargo, si las presiones internas o externas empujan a los empleados al límite, fácilmente se pueden sobrepasar.

Liberty Media compró en 2016 la organización de Fórmula Uno e incorporó a Chase Carey como su nuevo director. El nuevo propietario cambió la estrategia del campeonato y trajo la serie un poco más de vuelta a las raíces y con esto, más cerca de los fanáticos. Como parte de esto, los pilotos y los equipos obtuvieron más posibilidades de interactuar con sus fanáticos, incluso en las plataformas de redes sociales.
El Gran Premio de Barcelona 2017 vio una carrera entretenida, donde el

piloto de Mercedes Luis Hamilton ganó con menos de 4 segundos de ventaja sobre Sebastian Vettel de Ferrari. Notable había sido también el comienzo donde en la primera curva Valterri Bottas, Kimi Raikkkonen y Max Verstappen tuvieron que experimentar que solo había lugar para dos autos. El resultado: Bottas pudo continuar, pero Räikkönen y Verstappen habían quedado fuera de carrera. En la tribuna principal, un pequeño seguidor de Kimi rompió en llanto, lo que efectivamente mostraron las cámaras para los millones de televidentes en todo el mundo. El equipo Ferrari también lo vio y decidió actuar. Su equipo de prensa localizó al niño y su familia y los invitó a la casa rodante, donde no solo pudo ver los autos, sino que conoció a Kimi, quien le dio su gorra de Ferrari. Little Thomas no se quedó solo en la Scuderia, sino que también conoció a otros pilotos como Romain Grosjean de Haas y comenzó su carrera como reportero entrevistando al equipo Renault. Sin duda, la miseria se convirtió en su día más feliz hasta el momento.

Como dijo más tarde Chase Carey, tal acción no había sido posible el año pasado con los procesos y lineamientos anteriores. Ahora, con menos reglas, los equipos tienen más libertad para actuar en función de sus propias decisiones y, por tanto, de sus valores y actitudes. Los valores corporativos de Ferrari incluyen la excelencia, conectada con la pasión. Como aprecian a sus fans (que automáticamente son clientes potenciales del merchandising), actuaron en consecuencia. Suspendieron sus tareas reales para mostrar corazón, lo que no solo beneficiaba al joven aficionado, sino también a sus propios empleados, directamente dentro del equipo de carrera, en la fábrica y en las salas de ventas. Un mensaje de que pueden estar orgullosos de su empleador. Un logro de una cultura corporativa positiva, honrando la visión y los valores del fundador, que luego se convirtieron en los valores oficiales de la empresa.

Los empleados calificados y motivados son el factor clave para un negocio exitoso y sostenible. En Wall Street, la acción de Ferrari (con el acrónimo apropiado RACE) presentó del cuarto trimestre de 2015 al cuarto trimestre de 2016 un aumento del 111%. Con esto superaron a la mayoría de los otros fabricantes de automóviles. Actuar de acuerdo con los valores es una forma de respeto, para las partes interesadas internas y externas. El respeto no evita negociaciones difíciles, pero si ambos siguen las reglas, se llega a un resultado positivo y ambas partes no solo mantienen el respeto por el otro, sino que si eres capaz de mantener el respeto por ti mismo dentro de las negociaciones, tu respeto por el otro lado incluso aumentará.

Ser respetado significa responsabilidad, ya que la gente deposita su confianza en ti. Una reputación positiva es una ventaja de ventas. Actuar en base a valores, y no solo a pautas, avala esta ventaja. Para lograr esta posición, las reglas deben dejar suficiente espacio para el corazón. Esto no es una contradicción, ya que se podrían diseñar pautas para incluir esta libertad. Además, las reglas claras pueden proteger a los empleados, ya que pueden actuar en función de sus valores dentro del espacio definido.

A principios de la década de 1980 teníamos una situación tan gris en la Fórmula Uno cuando dos asociaciones independientes, la Fédération Internationale du Sport Automobile (FISA) y la Asociación de Constructores de Fórmula Uno (FOCA), compitieron para lograr el liderazgo dentro del campeonato. Los equipos de carreras participantes se dividieron, ya que un grupo apoyó a la FISA (como Ferrari, Renault y Alfa Romeo) y el otro a la FOCA (como Brabham y Williams). Debido a la interferencia de las dos organizaciones, la interpretación de las reglas y pautas no había sido clara, y los equipos de carrera intentaron descubrir estos límites para lograr una ventaja competitiva. En el Gran Premio de Brasil de 1982, los equipos Brabham y Williams implementaron los frenos refrigerados por agua como una nueva solución técnica y gracias a esto, sus pilotos Nelson Piquet y Keke Rosberg pudieron lograr las dos primeras posiciones, antes que el piloto de Renault Alain Prost. Tras la carrera, los últimos protestaron por estos nuevos cambios técnicos, y posteriormente Piquet y Rosberg fueron descalificados. En el posterior Gran Premio Oeste de los Estados Unidos, sucedió lo mismo al revés. El equipo Ferrari comenzó con un alerón trasero dividido. En lugar de un ala grande, presentaba dos más pequeñas. Este diseño había sido ubicado uno al lado del otro, uno ligeramente delante del otro. Los dos alerones juntos no sobrepasaron la longitud permitida para el alerón trasero, pero más tarde el tribunal de la FIA decidió que también esta idea técnica había violado las directrices y el piloto de Ferrari, Gilles Villeneuve, perdió su tercera posición.

1982: Ferrari 126C, 1.5L, V6, 650hp, 320km/h, 595kg, design by Mauro Forghieri, Harvey Postlethwaite

El ingeniero, estadístico, profesor y consultor de gestión estadounidense William Edwards Deming resumió: "Un mal sistema siempre vencerá a una buena persona". El motor no solo requiere una posición destacada dentro del automóvil de Compliance, sino también suficiente enfriamiento, mantenimiento regular y cambios de aceite. ¡Si el motor tiene un problema, no puede soportar las otras funciones relevantes del automóvil! A corto plazo, los valores y actitudes fuertes resistirán la tentación, de modo que el individuo pueda vencer la situación. A la larga, la organización debe apoyar al empleado individual, ya que la falta de un sistema de Compliance puede dar lugar a una mala interpretación de una situación peligrosa o que la persona se desmotive debido a una burocracia ineficaz y abandone la organización, si es posible. Si no es posible, se dará por vencido y terminará dentro de su mente.

"Compliance es un Coche de Carreras."

Caja de herramientas Motor:

- ¿La gerencia superior/intermedia se siente responsable de apoyar y comunicar activamente el mensaje de Compliance?

- ¿Se están ejecutando capacitaciones y talleres de Compliance personalizados?

- ¿La cultura corporativa es abierta y positiva?

- Los procesos de Recursos Humanos fomentan el comportamiento positivo y la disciplina negativa?

2.2 – Chasis, Aerodinámica / Procesos, controles y herramientas

Poco después de que comenzamos a trabajar en el motor, también debemos comenzar con la creación del nuevo chasis: nuestros procesos, controles y herramientas. Debemos ser conscientes en qué torneo queremos competir, en la rápida y elegante Fórmula Uno, como negocio con clientes privados en países de bajo riesgo de corrupción o en un torneo todoterreno, como negocio global con empresas estatales. Debido a esta decisión estratégica (a menudo el entorno comercial dado), creamos un corredor de Fórmula Uno aerodinámicamente o un auto de rally 4x4 robusto. Un chasis pesado es más robusto, pero por otro lado, también más burocrático. Por supuesto, el peso tiene una relación negativa con la velocidad y la aceleración, o abreviado: flexibilidad. El chasis debe ser lo más ligero y robusto posible. Por eso, un auto de carrera moderno no está hecho de acero, sino de materiales modernos como las fibras de carbono. Lo mismo es cierto para las empresas; un sistema de Compliance moderno debe incluir una infraestructura de TI actualizada y ciencias del comportamiento (psicología).

Los autos de carrera de hoy están diseñados con la ayuda de computadoras y túneles de viento. Posteriormente se comprueban los resultados, teniendo un primer prototipo funcionando en la pista de pruebas. Solo más tarde, los autos se envían a la competencia. La aerodinámica es un factor de éxito importante, esto es cierto para un coche de carreras, pero también para el proceso organizativo interno. Las herramientas y los formularios deben solicitar la información requerida, pero no más. Las herramientas de TI inteligentes pueden respaldar esto, cuando brindan soluciones viables como respuestas preseleccionadas y celdas abiertas de llenado automático. Antes de la implementación, los procesos y herramientas deben probarse para los diferentes escenarios comerciales posibles. Esto no puede eliminar todos los puntos débiles, pero al menos reducir el número de los mismos.

Las calles alrededor de Mugello, ubicadas en la hermosa Toscana italiana, vieron desde 1919 hasta 1970 eventos regulares de carreras, incluida la famosa Targa Florio. Debido a trágicos accidentes de carrera en estos últimos eventos, esta tradición terminó. En lugar de carreras callejeras abiertas, se construyó un hipódromo cerrado. Desde el 74, hay eventos regulares en el "Autodromo Internazionale del Mugello", incluyendo MotoGP y el Campeonato Alemán de Turismos. Además, es una importante pista de pruebas para los equipos de Fórmula Uno. Por su antigüedad, es un circuito clásico, difícil de encontrar en el calendario actual de campeonatos. Esto significa que los estándares de seguridad no están al mismo nivel que las pistas planificadas modernas, pero por otro lado ofrece una experiencia de carrera pura para los pilotos, como dijo el piloto de Ferrari Sebastian Vettel: "Desafortunadamente, no tenemos esta pista en el calendario. . Es un circuito increíble con muchas curvas de alta velocidad". El autódromo de Mugello es propiedad de la Scuderia Ferrari. A diferencia de su pista de carreras tradicional Fiorano, Mugello ofrece oportunidades de prueba a todos los equipos, y la mayoría de ellos aprovechan esta oportunidad para probar durante la temporada y desarrollar su automóvil.

Como se ha comentado, las distintas partes del coche no son independientes, sino que, por el contrario, interactúan entre sí. Un chasis debe ser tan robusto como sea necesario, pero por otro lado lo más ligero posible. El diseño, la aerodinámica y las tomas de aire deben garantizar que el motor reciba suficiente aire para funcionar. Si no apoyamos y fomentamos los valores de los empleados, o incluso los sobrecargamos con una burocracia innecesaria, pierden su motivación y compromiso. El resultado sería una cultura basada en el control con una mentalidad de "marcar la casilla". Los controles complicados no son sostenibles a largo plazo. Nuestro motor no recibe suficiente aire para funcionar con el pesado chasis. Se corre el riesgo de que por fallo de motor tengamos que abandonar la carrera. En otras palabras, incluso los mejores controles no pueden garantizar el 100 % del Compliance de los requisitos legales. Los empleados son inteligentes y encuentran la manera de eludir los controles internos.

La primera carrera de Fórmula Uno de la temporada 2017 redimió la promesa de que los tres mejores equipos se acercaron. Al final, el piloto de Ferrari Sebastian Vettel fue el primero en ver la bandera a cuadros. Además de una carrera emocionante, se pudieron analizar detalles interesantes.

Al igual que el año anterior, el Mercedes F1 W08 EQ Power+ es el coche con la aerodinámica más progresiva. Gracias a esto, en "aire limpio", es decir, conducir solo en la parte superior, esto da una ventaja adicional, ya que el coche va más rápido y es más fácil de manejar. Por otro lado, el líder de la carrera, Luis Hamilton, hizo su primera parada en boxes y, de vuelta en la pista, se encontró directamente detrás del Red Bull de Max Verstappen. Sobre el papel, el Mercedes era el coche más fuerte, pero, sin embargo, Hamilton no pudo adelantar al holandés en la pista. Una de las razones de esto, las turbulencias de aire del primer automóvil afectaron la aerodinámica del siguiente. Un automóvil con una aerodinámica más compleja pierde, en consecuencia, más velocidad que un automóvil con una combinación de alas menos detallada.

Podemos usar esta imagen también para la gestión de un sistema de Ética y Compliance. Como todos los departamentos de la empresa, debe encajar perfectamente en el negocio global de la empresa. Esto puede tentar a especializar todas las pautas, procesos y herramientas a la configuración organizacional real. Gracias a esto, todo funciona de la mejor manera posible. Por otro lado, un sistema con un ajuste tan perfecto puede causar problemas si la situación cambia. Nuevos competidores y/o mercados pueden hacer que los procesos de ayer sean hoy demasiado burocráticos o carentes de controles.

Para evitar sorpresas, el Oficial de Ética y Compliance no solo debe realizar una evaluación de riesgos periódica, sino también asegurarse de tener un asiento en la mesa cuando la empresa discuta su estrategia. Esto para comprender y anticipar lo que vendrá, pero también para asesorar a la gerencia y hacerla consciente de los riesgos y costos adicionales de Compliance. Además, una empresa no puede basarse únicamente en sus procesos, sino que el departamento de Compliance debe fomentar los valores organizacionales (motor) y cuidar sus recursos (llantas), especialmente los miembros de su departamento.

En la Fórmula Uno la relación es que si el paquete aerodinámico no funciona a la perfección, el motor no recibe el nivel de aire suficiente y los neumáticos pierden adherencia. Traducido a Compliance: si los procesos no son los adecuados, los empleados se desmotivan y los empleados de Compliance pierden su prestigio.

1995: International Touring Car Championship (ITC) at Mugello

"Compliance es un Coche de Carreras."

1995: International Touring Car Championship (ITC) at Mugello

Caja de herramientas Chasis, Aerodinámica:

- ¿El sistema de Ética y Compliance está cubriendo las áreas de riesgo de la empresa?

- ¿Pueden los controles internos medir de manera efectiva lo que deben medir?

- ¿El sistema de Ética y Compliance es fácil de manejar y utilizable para todas las actividades comerciales?

2.3 – Suspensión / Conocimiento Cultural, Participación

El tercer factor es la suspensión, ¿debería ser dura o blanda? Duro significa menos cómodo, pero el conductor siente las condiciones de la calle y el auto tiene un mejor manejo, también (y especialmente) en pistas con más curvas y baches. Suave significa cómodo, pero que el conductor pierde el sentimiento por la pista. Los riesgos de Compliance están cubiertos por conjuntos de herramientas hermosos y fáciles de usar, lo que es un enfoque único, por lo que no está hecho a medida para diferentes regiones y mercados. Por esto, un automóvil con una configuración blanda no puede conducir tan rápido como uno con una configuración más dura. No tanto en las largas rectas, sino en las arriesgadas curvas. En la configuración dura, el empleado es plenamente consciente de si está en una pista de asfalto sólido o en una calle pedregosa sin pavimentar. Con esto gana experiencia en diferentes terrenos y puede adaptar el estilo de conducción.

El Compliance no necesita proteger a los empleados con hermosas herramientas, algunos países tienen un riesgo más alto, otros menos. Si los empleados son conscientes de esto, estarán más abiertos al mensaje de Compliance. No solo porque quieren protegerse, sino también porque entienden el costo de la corrupción y su efecto en una región y su sociedad. Con la percepción de esta relación directa, los empleados entienden su responsabilidad individual cuando se encuentran en un país diferente, por ejemplo, como viajero de negocios. La información crea conciencia y empatía, con esto los individuos iniciarán un proceso de toma de decisiones más elaborado si se encuentran en una situación tentadora.

El Oficial de Compliance o Ética puede fomentar esto con talleres especiales, hablando sobre los riesgos locales, el entorno social y cómo comportarse. Una vez más, se puede encontrar algo similar en los deportes de motor, donde a menudo los pilotos dejan el primer día sus coches en boxes y recorren la pista de carreras junto con sus ingenieros. Esto para memorizar la pista de carreras, discutir la estrategia de neumáticos y comprender dónde están los puntos de frenado.

Como se definió anteriormente, si Compliance es un auto de carreras, el empleado como individuo con sus valores es un tranvía. Los hipódromos conocidos como Nürburgring-Nordschleife pueden ser utilizados por todos los que tengan una licencia de conducir válida y lleguen con un automóvil, se puede alquilar el casco requerido. Otras pistas son o han sido parte de las calles públicas fuera del fin de semana de carrera, como Monte Carlo o Spa-Francorchamps. Gracias a esto, puedes experimentar en el tráfico diario normal el cambio de semáforo, si entras en el túnel de Mónaco; o la diferencia de altitud en Eau Rouge, donde los modernos coches de Fórmula Uno circulan a máxima velocidad. Estas secciones son incluso impresionantes cuando las pasas con su automóvil privado. Como conductor, puede experimentar el peligro potencial, también dónde hay puntos para frenar y adelantar. Similar es válido si un empleado que conoce los distintos lugares de sus viajes privados y/o puede hablar el idioma local. Cuanto mejor conoces una cultura, más seguro te sientes; una mejor comprensión de la situación conduce a una mejor toma de decisiones. El riesgo de ceguera ética se reduce, ya que las decisiones tienen la presión de que el individuo quiere volver a su zona de confort.

Lo que se aplica a todos los empleados, por supuesto, también es imperativo para el Oficial de Compliance. Si él o ella es responsable de diferentes regiones, incluidas diversas culturas e idiomas, se requiere salir de la zona de confort. Debe dedicar tiempo a aprender las distintas culturas, esto también debe incluir visitas de las partes interesadas externas de la organización, como clientes, socios o proveedores. Además, incluso si el idioma oficial de la empresa global fuera el inglés; Las comunicaciones y los talleres de Compliance deben realizarse en el idioma local. Si los empleados no dominan el idioma al 100%, perciben una resistencia a participar activamente en las capacitaciones. Esto porque pueden sentirse avergonzados por las malas pronunciaciones o simplemente porque pueden requerir tiempo para encontrar las palabras correctas y mientras tanto, el presentador ya continuó con un siguiente tema. La eficiencia de un programa de Ética y Compliance requiere diálogos y discusiones. Para lograr esto, todas las barreras potenciales deben reducirse o derribarse. Varios pilotos de carreras pueden verse como buenos ejemplos.

El equipo de Fórmula Uno de Ferrari tiene una desventaja competitiva, a diferencia de la mayoría de los otros equipos conocidos, no tiene su sede en el Reino Unido, sino en Italia. Un intercambio de experiencia y personal con otros equipos es difícil, ya que los empleados experimentados no solo tienen que adaptarse a una cultura empresarial diferente, sino también superar la barrera del idioma. Debido a esto, varios empleados no lograron integrarse. Consciente de este riesgo, cuando el piloto alemán Sebastian Vettel firmó su nuevo contrato con Ferrari en 2014, inmediatamente comenzó a tomar lecciones de italiano. Entendió la filosofía de Enzo Ferrari de que el equipo es la estrella, no una sola persona.

Otro riesgo para el Oficial de Compliance es subestimar la diferencia de cultura entre los distintos lugares, incluso si están dentro del mismo país. Los viajes deben ser considerados para las discusiones presupuestarias anuales.

"Compliance es un Coche de Carreras."

1994: '89 Alfa Romeo 33 1.7 at Spa-Francorchamps, 1.7L, Boxer 4, 107hp @ 5800rpm, 186km/h, 890kg, design by Centro Stile Alfa Romeo (Ermanno Cressoni)

Caja de herramientas Suspensión:

- ¿Los empleados son conscientes cuando se encuentran en terrenos de riesgo?

- ¿Los empleados tienen conocimiento y experiencia intercultural?

- Los viajeros de negocios reciben información personalizada y/o invitación a un taller relacionado?

- ¿Los empleados de Ética y Cumplimiento tienen la experiencia cultural requerida, incluidas las habilidades lingüísticas?

2.4 – Frenos / Ceguera ética

Para un coche de carreras no solo es imperativo acelerar lo más rápido posible, sino también frenar en consecuencia. Con o sin las herramientas, el Oficial de Compliance debe ser capaz de detener un proceso interno, especialmente porque los empleados no solo hacen cosas malas basadas en malas intenciones, sino también en la falsa percepción de hacer lo correcto. Esto puede deberse a falta de información, presiones psicológicas o una percepción errónea del entorno y la situación real. Distintos sesgos psicológicos pueden conducir a la "ceguera ética". Los riesgos de tales efectos se pueden reducir aumentando el interés del empleado en el tema de Compliance y su conocimiento para identificar situaciones de riesgo. Una mayor participación en un tema desencadena un progreso más prolongado y sistemático en la toma de decisiones; el efecto de las presiones, como el tiempo, los proyectos obligatorios o los efectos de grupo, se reducen.

"Compliance es un Coche de Carreras."

2017: Alfa Romeo Giulia, brake disc

Los frenos son necesarios para reducir la velocidad antes de una curva o chicane, además de para detener el coche por completo, no solo si hay un obstáculo en la pista, sino también para las paradas regulares en boxes. El conductor puede hacer cambios menores en la configuración "sobre la marcha". Para realizar cambios, que van más allá, como el cambio de alerón delantero o trasero, se requiere una parada más larga. Entre carreras individuales, incluso el motor se puede cambiar.

1997: Dodge Viper

Como para todos los empleados, estas paradas regulares también son beneficiosas para los miembros de Compliance. El estrés de los negocios regulares puede conducir a la ceguera ética, por lo tanto, se necesita un descanso (interrupción) de vez en cuando. Estos escapes pueden ser la participación en un taller interno fuera del espacio de la oficina o en una conferencia externa. No sólo el factor tiempo es relevante. Conocer a diferentes personas puede ayudar a ver los problemas y las tareas desde un ángulo diferente. Con esto, se pueden identificar soluciones o también trampas desconocidas, como detalles en especificaciones técnicas o posibles violaciones a leyes y directrices. La idea de una parada en boxes puede ser un tiempo fuera más largo, pero también varios cortos. ¡La parada promedio en la Fórmula Uno es de menos de 10 segundos! Según la regla de la "taza de café", siempre debe tomarse al menos cinco minutos antes de tomar una decisión crucial. Incluso es mejor dormir una noche con él, esto para asegurarse de que no se apresure a tomar una decisión, de la que pueda arrepentirse más tarde. El piloto de Fórmula Uno de Ferrari, Sebastian Vettel, se negó, tras su accidente en la salida del Gran Premio de Bélgica, a hablar con Max Verstappen y dijo a la prensa: "Intentaré hablar con Max, no ahora porque creo que no tuvo una buena día, no tuve un buen día, Kimi no tuvo un buen día".

Los empleados que no toman sus vacaciones anuales o que trabajan constantemente horas extras pueden ser una señal de advertencia. Esto porque no solo están expuestos a riesgos de ceguera ética, sino también porque podrían estar violando deliberadamente las pautas internas. Los posibles empleados corruptos a menudo no se toman tiempo libre, ya que en su tiempo libre no pueden administrar las redes informales requeridas. Esto sigue siendo cierto en la época de internet, ya que puedes conectarte desde casa, pero no podría explicarse más gastos, como viajes, regalos o restaurantes.

Caja de herramientas Frenos:

- ¿El Oficial de Ética o Compliance se incluye temprano en proyectos y decisiones importantes?

- ¿Él o ella tiene la posibilidad de comentar, decidir y detener el proceso, si es necesario?

- ¿Él o ella tiene suficiente antigüedad y experiencia para manejar personajes difíciles dentro de la empresa?

- ¿Los empleados toman sus vacaciones y limitan las horas extras?

- ¿Los empleados son conscientes de su responsabilidad y reciben suficiente información para juzgar?

- ¿Se invita a los grupos de riesgo a los talleres de Ceguera Ética?

2.5 – Telemetría / Comunicación de Compliance

Antes de la Targa Florio siciliana de 1972, los jefes de equipo de Ferrari, Cesare Fiorio, y Alfa Romeo, Carlo Chiti, descubrieron las ventajas de la radiotecnología para tener un contacto, todavía limitado, con sus pilotos. En base a esto, el evento se convirtió en la primera carrera automovilística en utilizar la radio. Sigue siendo una comunicación unidireccional básica, ya que los conductores solo pueden escuchar, pero no responder a los mensajes. Sin embargo, se convirtió en el comienzo de un desarrollo, donde más tarde se hizo posible la comunicación bidireccional, no solo con el conductor sino también con el propio automóvil.

La telemetría se convirtió en una parte importante de los autos de carrera de hoy en día, incluso si el vehículo está en la pista de carreras, los ingenieros en la caja tienen acceso total a la computadora a bordo. Una telemetría pasiva se limita a leer dicha información, una versión activa puede enviar información al auto de carrera y así cambiar la configuración del auto, como por ejemplo, la mezcla de combustible, lo que afecta el consumo y el rendimiento. En nuestro mundo global, los empleados no solo viajan a las metrópolis del mundo, sino también a sitios de proyectos remotos, a menudo en países con un mayor nivel de corrupción percibido. Como un piloto de carreras, los empleados están solos durante mucho tiempo, pero esto no significa que deban estar sin contacto con su oficina. A través de teléfonos inteligentes y tabletas, pueden comunicarse las 24 horas, los 7 días de la semana con el sitio de intranet de la empresa. Además, a través de una aplicación de la empresa, el empleado puede obtener respuestas a todas las preguntas frecuentes. Si esto no es suficiente, a través del botón pueden llamar a su Oficial de Compliance responsable. Dos ventajas de la aplicación son 1) puede obtener las primeras respuestas, incluso si se encuentra en una zona horaria completamente diferente a la de su oficina y 2) puede preguntar de forma anónima, lo que evita un efecto de "demasiado orgulloso para preguntar". . La inteligencia artificial hará que esta solución sea aún más atractiva en el futuro.

El piloto de Fórmula Uno Kimi Räikkönen se hizo famoso en 2012 por su respuesta a su equipo de boxes de Lotus Fórmula Uno, ya que recibió demasiados mensajes mientras conducía en la pista de Abu Dabi: "Déjame en paz, sé lo que estoy haciendo". Una lección también para la comunicación de Compliance. El canal de comunicación más eficaz es el personal de Compliance y su comportamiento observable basado en valores. Si los empleados están fuera del alcance personal, las medidas de comunicación pueden ser una alternativa eficaz, si se ejecutan con precaución:

- Demasiada comunicación distrae de sus tareas principales. El Compliance está en la situación cómoda de tener un conocimiento experto. Debido a esto, no tiene que comunicar todos los detalles, sino limitarse a los temas y situaciones relevantes. Con esto, el empleado sabe cuándo ingresa a un área de riesgo y cuándo contactar a Compliance para obtener información adicional. Los flujos de información cambian de "empujar" a "jalar".

- Las instrucciones de Compliance demasiado detalladas impiden que el propio empleado comience a analizar el problema y desarrolle habilidades de toma de decisiones éticas. Para garantizar una cultura corporativa sólida basada en valores, los empleados deben desarrollar su propia participación adecuada. Si entienden el costo de la corrupción, se preocupan por las personas potencialmente afectadas y evitan el comportamiento corrupto; no porque esté prohibido por la ley, sino porque creen en ello. Para desarrollar valores tan fuertes, el individuo debe encontrar por sí mismo las respuestas correctas y no limitarse a seguir las instrucciones dadas.

- Una sobrecarga de información conduce a la situación de que la comunicación recibida no puede ser procesada internamente. Los correos electrónicos se leen, pero sin recordar ni comprender el contenido. El Compliance debe concentrarse en las declaraciones centrales. Menos mensajes tienen una mayor oportunidad de ser capturados. Un buen ejemplo de "menos es más".

- Un número excesivo de correos electrónicos lleva a la resistencia del receptor. Los correos electrónicos se eliminan automáticamente sin leerlos. Para evitar este problema, Compliance puede incluir sus temas dentro de un boletín periódico general. Nuevamente, menos comunicación significa mejor comunicación. Otra forma de reducir el número de correos electrónicos es una individualización. Un empleado con experiencia no necesita la misma cantidad de comunicación que uno sin experiencia.

La comunicación es una parte relevante de la estrategia de prevención. Si se ejecuta adecuadamente, transporta mensajes importantes a los empleados y no provoca el deseo de mantenerse alejado de este. Como ya dijo Enzo

Ferrari: "Creo que la mayoría de las cosas se pueden decir en unas pocas líneas".

Caja de herramientas Telemetría:

- ¿Conoce a todos los empleados en persona?
- ¿Tiene empleados que trabajan solo en la oficina en casa?
- ¿Tiene empleados que pasan meses o años en sitios de proyectos remotos?
- ¿La empresa cuenta con una estrategia de comunicación de Ética y Compliance?
- ¿La empresa tiene un sitio de Intranet dedicado a Compliance?
- ¿Los empleados subcontratados (externos) tienen acceso a la información de Compliance?
- ¿Existe una aplicación de Compliance?
- ¿La comunicación de Compliance se adapta al grupo objetivo?

2.6 – Retrovisores / Competición

Los espejos retrovisores originalmente se habían inventado para los deportes de motor. Otro buen ejemplo de la idea de Enzo Ferrari de que la evolución de los autos de hoy a menudo se basa en la competencia en los deportes de motor. Como el piloto quiere terminar la carrera antes que sus competidores, es obligatorio saber dónde están. Podrían estar cerca o aún lejos, tratando de atacar desde la izquierda o la derecha. La relación de la empresa frente a sus competidores afecta fuertemente las decisiones de la gerencia, qué riesgos deben aceptarse en los negocios de hoy y de mañana. Por lo tanto, Compliance debe conocer la situación real, incluidas las supuestas cuotas de mercado. Tener al otro auto grande en el espejo retrovisor es una clara señal de alarma, ya que puede poner nervioso al conductor y tentarlo a encontrar soluciones fáciles para salir de la situación. Por otro lado, no ver ningún competidor es una bandera roja diferente. Si el coche va solo en la pista, el piloto puede salirse de su ritmo y cometer errores. Especialmente en la situación de un monopolio o cuasi-monopolio se aplican otras reglas y leyes para una empresa, incluyendo que sus precios deben ser aprobados por el gobierno o cómo comportarse con los proveedores o clientes.

Los autos de carrera operan al límite. Incluso los pequeños defectos técnicos pueden provocar un accidente. Compliance hace todo lo posible para evitar un caso de corrupción, pero para ser honesto; no hay protección absoluta para esto. Gracias a los crash-test conocemos la seguridad del coche, una idea que también se puede adaptar para una empresa.

- Los talleres regulares no solo pueden incluir cómo comportarse en diferentes situaciones críticas. También se puede pensar en invitar a un pequeño grupo de empleados y asignarles una tarea diferente, para ver cómo se pueden eludir los procesos, herramientas y controles internos y obtener una ventaja comercial inapropiada. Los resultados de dicho taller pueden ser una base válida para iniciar mejoras en el sistema de Compliance. Esto como hackers blancos en el entorno de TI.

- Se puede simular el peor de los casos, se encontró una maleta de la empresa llena de dinero en el gobierno local. ¿Cómo reacciona la empresa, cómo se informa a los empleados, con qué socios externos se contacta, por ejemplo, abogados, agencias de relaciones públicas, cómo iniciar una investigación? En una situación real, las decisiones rápidas y precisas pueden ahorrar una valiosa reputación y dinero o, por otro lado, las respuestas incorrectas o vacilantes empeorarían la situación.

Los espejos retrovisores son importantes, pero el GPS y las computadoras brindan información más adecuada. Como un videojuego, el equipo de mecánicos puede identificar dónde está cada auto en la pista. En base a esta información, se mantendrá o adaptará la estrategia de carrera real, ya que no solo es necesario saber si un automóvil está directamente detrás o delante, sino también si están a una distancia mayor. Debido al comportamiento observable, el equipo de pits sabe qué tipo de llantas está usando el competidor y cuántas paradas aún deben ejecutar los diferentes autos. Obtener información privilegiada de la tripulación del competidor es, por supuesto, ¡un "no se puede"!

Caja de herramientas Espejos Traseros:

- Compliance tiene acceso a la información de cuota de mercado?

- ¿El Oficial de Compliance tiene acceso al departamento de ventas para discutir temas de competencia?

- Compliance tiene conocimiento legal local o acceso a tal?

2.7 – Tablero, Volante / Monitoreo

Los tableros de instrumentos cambiaron fuertemente desde los primeros autos hasta hoy. Al principio, los instrumentos se limitaban a las revoluciones por minuto, la temperatura del aceite y el combustible. Relevante para el Compliance, los controles no solo son necesarios para los temas cuantitativos, como la participación en capacitaciones, aprobaciones de pagos de alto riesgo e invitaciones, además se debe medir la calidad del ambiente corporativo. Por ejemplo, la cantidad de informes provenientes de una línea directa de denunciantes anónimos se puede usar como indicador, una medición no directa. Este indicador debe interpretarse en relación con la cultura local y la organización corporativa. Una gran cantidad de informes anónimos es una señal de alerta, pero también la ausencia de informes es un símbolo de advertencia. La pregunta es, cuántos de estos informes están en "estado normal". Otra opción para obtener información sobre la cultura corporativa son las encuestas periódicas de participación. Importante en cuanto a la línea directa de denunciantes, también tales encuestas deben garantizar el anonimato. La creación de un cuestionario es una ciencia en sí misma, ya que incluso los cambios más pequeños en la redacción pueden influir en las respuestas y los resultados. Si se debe desarrollar y programar una encuesta, debe ser revisada por un experto en comunicación y/o psicología.

Con los soportes eléctricos y electrónicos dentro de un automóvil moderno, por supuesto, se incluyeron instrumentos y botones adicionales en el tablero. El ordenador de a bordo puede utilizar la información recibida para elaborar diferentes previsiones y estadísticas. El cuadro de mando no sustituye a un piloto de carreras con talento, y un seguimiento adecuado no sustituye al Compliance Officer experimentado, sino que apoya su función, ya que se visualizan riesgos y banderas rojas, para que el experto actúe en consecuencia y organice los recursos disponibles. .

Con el desarrollo técnico avanzado, los indicadores relevantes cambiaron su posición del tablero directamente al volante. Gracias a esto, el conductor puede realizar por sí mismo ajustes en la configuración, incluida la mezcla de aire y combustible, la comunicación por radio o la curva de par. Para ello, un moderno volante de F1 cuenta con hasta 35 botones e incluso una pequeña pantalla LCD.

Este es un buen ejemplo para el monitoreo de Compliance, ya que, al igual que un piloto de carreras, un Oficial de Compliance no solo debe poder controlar la efectividad, sino también cambiar la configuración sobre la marcha y así ejecutar contramedidas. Especialmente, si tiene responsabilidad local dentro de una organización global, debe adaptar los procesos globales a las regiones locales, ya que diferentes entornos podrían necesitar diferentes procesos.

Caja de herramientas Salpicadero / Volante:

- ¿Compliance cuenta con instrumentos efectivos para conocer el estado de los procesos y temas relevantes?

- ¿Tiene el Oficial de Compliance la posibilidad de adaptar procesos y herramientas?

- ¿Las herramientas existentes están interconectadas entre sí?

- ¿Las herramientas ofrecen la posibilidad de monitoreo en tiempo real?

2.8 – Patrocinadores / Compromiso

Un auto de carrera exitoso recibe visibilidad y es el canal ideal para comunicar el logotipo de una empresa. Esta es una importante fuente de ingresos para el equipo de carreras. Un sistema de Compliance también requiere patrocinadores. Una gran etiqueta debe ser de la Alta Dirección, sin su apoyo, un sistema de Compliance existe solo como una versión limitada de "marcar la casilla", pero esto no es suficiente para proteger a la empresa de daños.

Asegurar el Compliance no es solo responsabilidad del departamento correspondiente y de la Alta Dirección, es responsabilidad de todos los empleados. Nuestro coche de carreras debería estar lleno de patrocinios, lleno de nombres de todos los empleados.

Además, el automóvil debe tener los logotipos del Gobierno. Es imperativo que un gobierno no solo publique leyes anticorrupción, sino que también se sienta activamente responsable del tema. Otras pegatinas pueden ser de organizaciones sin fines de lucro, con las que la empresa trabaja en conjunto. A través de Acciones Colectivas las empresas apoyan a las organizaciones sin fines de lucro y cumplen con su responsabilidad de ser un buen ciudadano corporativo. Dicha relación no tiene que limitarse a una comunicación unidireccional, una organización puede usar la información y la experiencia de la organización sin fines de lucro para incluir esto en su evaluación de riesgos de Compliance y/o capacitación. Otros patrocinadores deben ser socios comerciales externos de la Compañía, incluidos proveedores y clientes. Estas podrían ser empresas más pequeñas, por lo que es responsabilidad de la empresa desarrollar a sus socios clave, no solo en lo que respecta a los requisitos técnicos, sino también a la transparencia y el Compliance.

En la temporada 2015 de Fórmula Uno, el automóvil Ferrari tenía un logotipo patrocinador del equipo Haas F1. Su cliente, que comenzaría el próximo año con su motor y otra tecnología. Ser mentor de un socio interno o externo tiene varios beneficios:

- Reduce el nivel de riesgo de entrar en un caso legal a través de un socio externo.

- Reduce el riesgo de ser víctima de un soborno.

- Asegura que el departamento de Compliance entiende los riesgos y procesos. Como dijo Albert Einstein: "Si no puedes explicarlo de manera simple, no lo entiendes lo suficientemente bien".

- El aporte y la retroalimentación de la otra parte ayuda al departamento de Compliance a actualizar sus controles y procesos, ya que los posibles puntos débiles y errores podrían identificarse más rápidamente. Como dijo el propietario de Haas F1, Gene Haas: "Creo que Ferrari tiene algunas preguntas. Espero que podamos proporcionarles valor. Si de repente hay cuatro autos que intercambian información, probablemente sería beneficioso para que ambos equipos puedan hacerlo un poco mejor".

Caja de herramientas Patrocinadores:

- ¿Todos los empleados se sienten responsables del Compliance?

- ¿El gobierno ejecuta leyes anticorrupción?

- ¿La empresa capacita, apoya, audita y desarrolla a sus partes interesadas externas en materia de Compliance?

- ¿La empresa participa en Acciones Colectivas?

2.9 – Luces / Estrategia

Especialmente si la carrera es de noche, en condiciones climáticas severas o en calles difíciles, es obligatorio tener suficiente luz. Mejores luces ayudan al conductor a reconocer los obstáculos que se aproximan, como curvas, otros autos u objetos que se encuentran en la vía. Cuanto antes se pueda ver algo, más fácil será reaccionar en consecuencia. Para el Compliance es importante estar conectado con los departamentos de ventas y estrategia. Este conocimiento ayuda a comprender hacia dónde se dirige la empresa y los riesgos potenciales se pueden identificar de manera temprana. Solo si el Compliance está incluido en los procesos estratégicos, los riesgos potenciales de corrupción pueden incluirse directamente en el proceso de toma de decisiones estratégicas. Para una empresa, el riesgo es un factor de costo. Debido a esto, si los riesgos de Compliance pueden incluirse temprano como un factor de costo, las posibilidades potenciales pueden parecer menos atractivas que antes.

Las luces efectivas no solo se requieren para ver, sino también para ser vistos, para esto no solo son importantes las luces delanteras, sino también las traseras.

1993: Alfa Romeo 155 V6 TI, 2.5L, V6, 4280hp @ 11500rpm, 1100kg, design by I.DE.A Instituto (Ercole Spada)

Si a una empresa se le solicita un pago de soborno y cede, lo más probable es que no sea un pago único, sino el comienzo de una relación corrupta. El individuo sabe que la empresa está dispuesta a pagar y que ya se pasó de la raya. Importante como se ha traspasado una frontera ética y similar a la estrategia de pie en la puerta, ahora es más fácil pedirles paso a paso por violaciones más grandes, incluidos sobornos más altos. Además de este efecto psicológico, la empresa ahora es chantajeada porque ya violó una ley y con esto no solo son confiables para las leyes locales, sino también para la FCPA global ("Ley de Prácticas Corruptas en el Extranjero") o UKBA ("Ley de Soborno del Reino Unido"). . Por eso, aunque al principio sea difícil negar pagos no oficiales, ya que puede significar perder un proyecto o desencadenar procesos más burocráticos, es imperativo decir que no. Los corruptos saben a quién preguntar y se aprovechan de esto. Los faros brillantes muestran a todos la posición de la empresa; al gobierno, competidores, socios y otras partes interesadas. Todos deben ver que los negocios transparentes y legales son importantes y que cualquier otra solicitud recibe un claro "no" como mensaje, ya que las violaciones a la ley y las pautas internas serán procesadas.

Caja de herramientas Luces:

- ¿El Compliance está involucrado en los procesos estratégicos?

- ¿Compliance conoce la estrategia de la empresa?

- ¿La empresa tiene una política clara de tolerancia 0 contra la corrupción?

2.10 – Neumáticos / Recursos de Compliance Adecuado y Capacitaciones

El equipo de mecánicos colocó cuatro llantas nuevas en nuestro auto de Compliance y ahora está listo para salir a la pista. Todo está en su lugar, las pautas, herramientas y controles. Pero atención, los empleados no son conscientes de todas las partes y cómo funciona en conjunto. Un responsable de Compliance puede presentar todo el sistema en una capacitación, pero la recepción de información por parte de las personas es limitada. Ya una semana después de una capacitación, las personas ya no recuerdan qué herramientas y pautas vieron. Una moraleja realista para una persona que no está muy involucrada no es qué procesos existen y cómo usar una herramienta, sino qué herramientas existen y con respecto a qué temas y riesgos los empleados deben comunicarse con su departamento de Compliance. Como todos los procesos, también el Compliance se aprende mejor haciendo. Para el uso de procesos y herramientas esto es adecuado. Por supuesto, queremos evitar que nuestros empleados aprendan de un caso de corrupción propio. Esto sería efectivo desde el punto de vista del aprendizaje, pero tendría un precio: altos costos para la empresa, que incluso podrían conducir, en un caso extremo, al cierre de la ubicación o de toda la organización. Para esto, la atmósfera de la comunicación y las capacitaciones de Compliance siempre debe ser amigable y abierta, incluso para las críticas constructivas, pero sin embargo debe ser claro con el mensaje y describir las posibles consecuencias. Es válido para las carreras y el Compliance, si tiene un juego de neumáticos nuevo, la primera vuelta debe tener cuidado de no ir demasiado rápido, ya que los neumáticos aún deben alcanzar la temperatura óptima de trabajo y los empleados aún tienen que adaptarse al nuevo. procesos y forma de trabajo.

Los neumáticos son el contacto de nuestro coche de Compliance con la realidad de la pista. Se aseguran de que el departamento de Ética y Compliance pueda lograr una impresión duradera con los empleados de la empresa. La mejor manera de hacerlo es a través de la persona. Los empleados de Compliance requieren una adecuada formación continua más una actitud positiva. Además de la calidad, también es relevante la cantidad pura. En los años 70, los equipos de Fórmula Uno experimentaron con una solución de seis ruedas. El único que llegó realmente a las carreras fue el Tyrrell P34. Jody Scheckter podría ganar el Gran Premio de Suecia de 1976 con ese coche. A pesar de su potencial, se mantuvo como la única victoria de un auto de seis ruedas en la Fórmula Uno. Incluso si el automóvil tenía una cantidad superior de neumáticos, la calidad seguía siendo un problema general. Como los cuatro neumáticos delanteros eran más pequeños que los de un coche de F1 convencional, tuvieron que desarrollarse especialmente para el equipo Tyrrell. Por supuesto, un gran esfuerzo para el fabricante y el

"Compliance es un Coche de Carreras."

resultado fue que el desarrollo técnico no pudo seguir el ritmo del desarrollo de los neumáticos tradicionales. El punto semanal del automóvil durante los dos años completos que Tyrrell usó su vehículo de seis ruedas.

1976: Tyrell P34, 3.0L, V8, 595kg, design by Derek Gardner. Photo with friendly permission by Kevin McCauley.

Otros equipos también experimentaron con una solución de seis ruedas. Para evitar el problema conocido, Ferrari desarrolló una solución no con cuatro neumáticos delanteros pequeños, sino que montó cuatro neumáticos en el eje trasero.

1977: Ferrari 312 T6, 3.0L, Flat 12, 500hp @ 12,200rpm, design by Mauro Forghieri

Al final de la temporada de Fórmula Uno de 1977, las nuevas pautas definieron que un automóvil tenía que tener cuatro ruedas, por lo que el T6 y todos los demás desarrollos nunca llegaron a competir. Sin embargo, desde el punto de vista del rendimiento, más neumáticos en general parece ser una posibilidad interesante.

A menudo, las empresas tienen más de una ubicación, pero el departamento de Compliance está ubicado en la sede. Un obstáculo ya que los empleados no solo aprenden de la comunicación, la capacitación y las pautas, sino también observando y discutiendo con el equipo de Compliance para comprender cómo "practican lo que predican". Debido a esto, Compliance requiere de presupuesto para viajar o tener empleados en las distintas locaciones. En tiempos económicos difíciles, esto es difícil de asegurar. El legendario piloto de Fórmula Uno de Ferrari, Gilles Villeneuve, ideó su estrategia única. Antes de la carrera, cuando los pilotos aún tenían la posibilidad de dar una vuelta de introducción, se dirigió a su posición de salida, se detuvo y luego aceleró con toda su energía, frenando y patinando las ruedas. Resultado de esto había sido que las ruedas giratorias quemaron caucho sobre el asfalto. Gracias a esto, Villeneuve tenía un mejor agarre al comienzo de la carrera y, a menudo, podía usar esta ventaja para adelantar a los autos que estaban delante de él.

Después de varias vueltas, los neumáticos pierden agarre y se vuelven resbaladizos. El auto se vuelve más difícil de manejar y los tiempos de vuelta bajan. En la fase de implantación de un sistema de Ética y Compliance, el departamento parte en general con un presupuesto holgado y un número suficiente de empleados. Después de los primeros años, esto cambia y el departamento vuelve a la realidad. Los recortes en el presupuesto y la plantilla afectan ahora al Compliance al igual que otras funciones centrales, como Recursos Humanos, Comunicación o Asuntos Legales. Ahora el presupuesto cubre los requerimientos o, dependiendo de la situación económica, es inferior al requerido. En otras palabras, el automóvil de Compliance no puede hacer una parada en boxes para obtener un nuevo juego de llantas. En los deportes de motor hay algunos pilotos que pueden conducir de forma más suave que otros y con ello pueden gestionar mejor el consumo de neumáticos. Un responsable de ética y Compliance con experiencia se encuentra en un punto posterior de la curva de aprendizaje y puede gestionar la función con un presupuesto más bajo que un colega con menos experiencia. Para el Compliance es válido lo mismo que para el diseñador o piloto de carreras. Hay buenos libros, como por ejemplo el libro de '84 de Niki Lauda "A new Formula One: A turbo age", que había sido la base técnica para crear el título de Amiga/PC de 1988 "Ferrari Formula One Simulation", pero sin embargo hay No hay documentos escritos que puedan prepararlo al 100% para el trabajo. ¡Se requiere una combinación de motivación, talento y experiencia!

Sin embargo, la capacidad de reducir el consumo de neumáticos todavía significa una velocidad más baja que con neumáticos nuevos. Por ejemplo, algunas tareas deben ponerse en espera. Por lo general, estas serían tareas más estratégicas. Ahora, con los neumáticos más viejos, el auto se vuelve más difícil de manejar. El conductor se concentra para mantenerse en la pista o, en otras palabras, los recursos solo pueden garantizar un sistema de Compliance de "marcar la casilla", pero nada más. ¡Un factor de riesgo relevante!

La técnica de Gilles Villeneuve puede ser una inspiración para el Compliance, ya que con el personal de Compliance dado podemos lograr un mayor impacto sin la necesidad de un mayor presupuesto. En lugar de contratar más personal de Compliance, otros empleados de la empresa pueden recibir una capacitación avanzada en Compliance. Dicha solución se conoce con diferentes nombres, como "Compliance Champion", "Compliance Ambassador", etc. La idea es que cada ubicación tenga una cara para el Compliance. Un empleado de confianza, a quien los colegas pueden contactar para todas las preguntas. Son una interfaz activa entre el departamento de Compliance y la ubicación. Para poder cumplir con el rol, el Campeón no solo necesita tener conocimientos aventajados, sino más aún, debe ser percibido como un colega confiable. Esto también muestra la limitación; dicha persona no puede estar involucrada en la ejecución de controles o en una posible investigación. Una estructura Champion no puede reemplazar un departamento de Ética y Compliance, pero seguramente es eficaz para apoyarlo.

Los neumáticos aseguran que la potencia de nuestro motor y los frenos reciban una conversación rápida en la pista, por lo que la afirmación del proveedor de neumáticos de Fórmula Uno, Pirelli, "la potencia no es nada sin control" tiene mucho sentido, también para el auto de carreras de Compliance.

Para la temporada 2017 de Fórmula Uno las llantas se ensancharon un 25%, lo que significó que las traseras cambiaron de 325mm (temporada 2016) a

405mm. Una decisión estratégica para dar más agarre a los coches modernos y apoyar su capacidad de "carrera". La altamente sofisticada Fórmula Uno quería dar un paso atrás y volver a dar más importancia a los pilotos. Esto no significa que su vida será más fácil, por el contrario, los autos de 2017 son más difíciles de conducir y, por lo tanto, requieren un mayor nivel de aptitud física y mental.

Al igual que la F1, también las organizaciones corporativas aprendieron que además de todas las posibilidades tecnológicas, como correo electrónico, intranet, capacitaciones en línea e Inteligencia Artificial; el factor humano es imprescindible para fomentar una cultura empresarial positiva. La mayoría de los gobiernos definieron como una mejor práctica que un programa de Ética y Compliance no se limite a "marcar la casilla", sino que muestre un esfuerzo real para comunicar su mensaje a los empleados y otras partes interesadas. Para un posible caso de corrupción, la percepción del gobierno sobre este programa puede significar una diferencia de algunos millones de dólares estadounidenses.

En la Fórmula Uno los neumáticos los ha comprado la organización, no directamente los diferentes equipos. Como esto, también el presupuesto de Ética y Compliance será un tema para la junta y se decidirá en base a una evaluación de riesgos. Si no directamente en esta etapa, al menos más tarde el Oficial de Compliance es responsable del presupuesto. Si no es adecuado, debe dirigirlo a la junta. Si aún no se aprueba un presupuesto suficiente, el Oficial de Compliance debe preguntarse a sí mismo si quiere competir sin suficiente personal.

Al comienzo de la temporada de Grand Prix, el Oficial de Compliance es responsable de sus recursos y de manejarlos con cuidado. El departamento no solo es el dueño de los procesos y herramientas, sino que también debe ser el experto y guiar a los empleados a través de ellos. De esa forma se evitan accidentes, ya que los empleados no se quedan solos con la posible carga burocrática y las herramientas y procesos de Compliance se perciben como efectivos.

Esto es especialmente válido para los neumáticos. Debe definirse una adecuada mezcla entre recursos humanos y tecnológicos. Como podemos ver en las carreras de autos, los neumáticos requieren un tiempo para alcanzar la temperatura operativa y ofrecer el máximo agarre. Por ello, el piloto debe ser cauteloso y no llevar el coche al límite, al menos durante la primera vuelta. Al igual que esta imagen, también los nuevos empleados de Ética y Compliance, humanos o artificiales, requieren tiempo para adquirir la experiencia necesaria. Especialmente porque muchas de sus tareas necesitan "aprender haciendo".

En la Fórmula Uno, pero también en la mayoría de los demás torneos, los neumáticos no durarán toda la carrera y se requerirán una o dos paradas en boxes. Incluso si el control de carrera del equipo está monitoreando el desempeño del auto, el piloto es responsable de decidir cuánto tiempo quiere permanecer en la pista. Por tiempo limitado, un conductor experimentado aún puede ser rápido con llantas que se deterioran rápidamente, pero aumenta el riesgo de accidentes. El coche necesita más tiempo para frenar antes de las curvas, por lo que los tiempos por vuelta se vuelven más lentos.

El Oficial de Ética y Compliance como conductor es responsable de ingresar al pit-lane y actualizar los recursos, como pautas, herramientas más eficientes o también cambiar empleados. Independientemente de si los empleados trabajan a tiempo completo o medio tiempo para el Compliance, el tema no solo requiere un cierto conocimiento y experiencia, sino también un nivel continuo de motivación. Esto como Ética y Compliance no se trata primero de pautas y leyes, sino de empleados y humanos. Si la motivación se pierde con los años, los empleados deberían poder cambiar (volver) a otros departamentos y funciones. Esto también es relevante para los voluntarios, que pueden actuar como "Primera Cara del Compliance" en los distintos lugares. Si los empleados pueden salir fácilmente de ese rol, estarán más motivados para ofrecerse como voluntarios.

Caja de herramientas Neumáticos:

- ¿Compliance tiene un presupuesto suficiente, independiente y aprobado?

- ¿El departamento de Ética y Compliance cuenta con los recursos personales necesarios? ¿Esto incluye calidad, cantidad, capacitaciones periódicas y participación en eventos internos y externos?

- ¿Compliance tiene un programa de voluntariado?

2.11 – Asiento del conductor / Empleados de Compliance

Si se hubieran tomado todos estos pasos, la empresa tiene un auto de carreras de Compliance competitivo. Una ventaja importante, ya que con esto la empresa puede ir más rápido que sus competidores. El personal de Compliance no solo es responsable de construir el vehículo, sino que también debe conducirlo.

En la mayoría de las organizaciones, Compliance es hoy en día un puesto respetado e incluso un puesto atractivo, donde a los empleados les gusta cambiar. Esto se debe a que las tareas de Compliance son ricas en variedad e incluyen contactos con todas las funciones relevantes. Pero un auto de carrera no debe mezclarse con un cupé o un auto deportivo en las calles de todos los días. Antes de que pueda comenzar, en la Fórmula Uno primero debe obtener su asiento individual personalizado para asegurarse de que tiene el ajuste perfecto dentro del automóvil. Este no es un asiento de cuero agradable y cómodo, sino práctico. A diferencia de otros perfiles laborales, la función de Compliance no está completamente definida. Los empleados de todos los orígenes diversos pueden acceder a este puesto y, junto con su carácter individual, los puestos de Compliance pueden llenarse de vida. Esto significa que todos interpretan de manera diferente. Al igual que en la Fórmula Uno, el asiento del conductor debe ajustarse individualmente al Oficial de Compliance.

No todo el mundo tiene la oportunidad de conducir al menos una vez un coche de Fórmula Uno real. Para ello, Ferrari inauguró ahora en su tienda de Milán el Ferrari Simulation Center. Aquí, el visitante cotidiano puede obtener una experiencia realista de cómo se conduce un coche de F1 moderno. Lo que en la televisión parece un trabajo fácil, es un deporte extremo, ya que incluso en las rectas largas es difícil mantener el auto bajo control, ya que todo el tiempo debes contrarrestar ligeramente y mantener el volante en un agarre firme. Esto es solo una simulación, ya que no incluye las fuerzas g reales, sin embargo, el conductor aficionado gana una opinión diferente sobre los deportes. El aficionado se lleva una buena impresión de los requisitos físicos para conducir el coche al límite durante toda la distancia de la carrera. Especialmente en las últimas vueltas el cansancio puede provocar pérdida de concentración y accidentes. La aptitud mental y física son imprescindibles para un piloto de carreras exitoso. De acuerdo con esto, el empleado de Compliance requiere una formación continua, no sólo en lo que se refiere directamente a la formación en Compliance, sino también empresarial, gerencial y de liderazgo.

2016: Ferrari Simulation Center, Milan, Italy

Como un piloto de carreras, la función de Compliance debe entenderse. Incluso con el mejor auto, el volante debe estar bien sujeto, ya que el viento, los baches y los oponentes intentan que el auto se salga de la pista. Esto significa que las infracciones pequeñas y mayores de las pautas, las áreas grises indefinidas, las presiones comerciales y los empleados desmotivados son un placer para el sistema de Compliance sostenible. El éxito depende tanto del coche como del conductor; el sistema y el empleado de Compliance; en promedio 50:50.

Los autos de Fórmula Uno de hoy pueden alcanzar los 360 km/h o más en una recta larga, esto junto con las combinaciones de curvas rápidas requieren un 100% de concentración para no perder el control del auto. Así, la función de Compliance es atractiva, porque no tiene una rutina diaria típica. Cada día es diferente y la mayoría de las veces terminas haciendo algo diferente de lo que habías planeado originalmente. El trabajo incluye partes estratégicas, a menudo y rápidamente interrumpidas por solicitudes urgentes. Los cambios de tareas aseguran la motivación, pero también son un factor de estrés constante, que en algunos casos puede no ser siempre percibido por el empleado. No solo es importante que Compliance asegure el tiempo libre regular de los empleados de la empresa, sino que utilice los mismos estándares también para sus propios miembros. Esto no solo es relevante para la salud física, sino también porque la Ceguera Ética puede afectar a todos. El conocimiento de los efectos reduce el riesgo, pero no lo elimina por completo.

Mientras el Oficial de Compliance está en el auto, la Alta Gerencia se para en la caja y le exige al Oficial de Compliance que vaya más rápido o reduzca costos. El Compliance tiene presiones similares a las de otros empleados, especialmente las ventas. Por un lado, el conductor debe decidir qué tan rápido debe ir con el vehículo, si va al límite o por encima o si conduce un poco más lento. En los deportes de motor siempre ha habido pilotos que han sido capaces de ir mucho más rápido con los mismos materiales que sus compañeros, por ejemplo Ayrton Senna o Michael Schumacher. Lo mismo es cierto para el Compliance, es imperativo contar con el mejor sistema posible, pero la misma importancia tiene la calidad del personal de Compliance. Deben tener una formación adecuada para ser percibidos como un asesor de confianza:

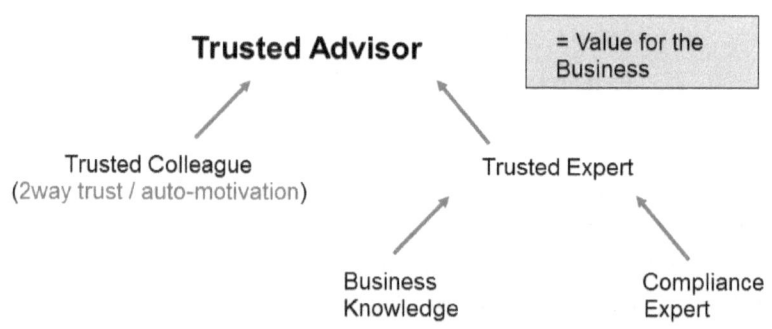

Adapted from the Communicator Model (Market Psycology)

El objetivo de un Oficial de Compliance (como todos los demás empleados de Compliance) debe ser ser reconocido como un "asesor de confianza". Esto incluye dos subfunciones, ser un experto de confianza, pero también un colega de confianza. No tiene sentido ser el mayor experto en Compliance si no tiene idea sobre el negocio y cómo la empresa está ganando dinero. Además, se necesita visibilidad para que los empleados puedan percibir a su Oficial de Compliance como un colega de confianza, que no solo habla de Compliance, sino que lo vive como un buen ejemplo. Aquí es útil no ver a todos como un riesgo potencial, sino partir de la idea de que más del 99% de los empleados son personas buenas y honestas, que día a día hacen su mejor esfuerzo por la empresa. Estas personas deben estar protegidas y preparadas para que no se metan en problemas por accidente (o por un caso causado por la oveja negra de menos del 1%, que puede tener).

Con esta visión, el Compliance forma parte de una "cultura de 0 daños", tal como la implementan la mayoría de las empresas. Otro punto, debes revisar tu automotivación de vez en cuando. Un departamento de Compliance es siempre un servicio para el lado comercial. Para ser percibido como un experto confiable, debe tener ciertos conocimientos comerciales para comprender a los colegas y sus necesidades. Las visitas a plantas y/o sitios de proyectos son especialmente importantes, no solo para comprender cómo funciona la tecnología, sino también cómo piensan los empleados. Si un experto de confianza y un colega se unen y usted es reconocido como un asesor de confianza, los empleados invertirán más costos (es decir, "tiempo") para contactarlo y obtener su opinión.

Además de esta parte visible, Compliance es responsable de detectar y dar seguimiento adecuado a los riesgos y, por supuesto, mantener eficiente su estructura de TI. Se deben manejar varias tareas, por lo que se debe dar talento, motivación y experiencia.

El piloto de Ferrari F1, Mario Andretti, lo explicó así: "Si todo parece estar bajo control, simplemente no estás yendo lo suficientemente rápido". En una competición libre por lo general se exige conducir lo más rápido posible, pero no sobrepasar este límite, ya que esto eventualmente tendría como consecuencia un accidente o que el coche sufra una avería técnica. La sostenibilidad requiere no solo ser temporal más rápido que la competencia, sino también a largo plazo. El objetivo no es ser primeros tras la primera vuelta, sino ver como primeros la bandera a cuadros. Dependiendo del campeonato, esto puede ser después de una hora, 2 horas, 24 horas o incluso después de un par de días. Y entonces no solo es crucial una carrera, sino ganar todo el campeonato. Esto puede incluso incluir la decisión estratégica de no ganar todas las carreras o incluso no participar en algunas de ellas.

En la película de 2013 "Rush", el director deja que su Niki Lauda ficticio diga: "Dios me dio una mente buena, pero un trasero realmente bueno, que puede sentir todo en un auto". Incluso si tal vez nunca lo dijo directamente así, resume increíblemente bien su fuerza como piloto de carreras. No solo fue rápido dentro de la carrera, sino que también fue competente para trabajar con los ingenieros para crear un automóvil ideal y, en los fines de semana de carrera, encontrar una configuración perfecta para cada una de las diferentes pistas y condiciones climáticas.

Dentro de un campeonato los pilotos están organizados en un sindicato. Su tarea principal es eliminar la presión de sus miembros y asegurarse de que no tomen riesgos inadecuados. Por ejemplo, el grupo se reúne cada fin de semana de carreras para analizar juntos el estado de la pista. Como cada año el automóvil y las condiciones climáticas son diferentes, dicha revisión debe repetirse cada vez. Al hacerlo, el sindicato de conductores no solo revisa los riesgos, sino que también es responsable de presentar soluciones sobre cómo reducir los riesgos y aplicarlos contra la organización de la carrera. Esto último es difícil, ya que los pilotos compiten directamente entre sí y también dependen de los ingresos del evento. Los boicots de carrera basados en condiciones climáticas severas o en la pista son poco probables.

El Oficial de Compliance está en la posición de conductor y tiene interés en mejorar la transparencia del mercado para reducir los riesgos comerciales. Esto no solo beneficiaría a la propia empresa, sino a toda la industria, incluidos proveedores, clientes y competidores. Esto como toda la región se beneficiaría ya que menos corrupción significa en general un mercado de más rápido crecimiento con mejores productos y precios más baratos. Debido a esto, las acciones colectivas entre una empresa y una organización sin fines de lucro, el gobierno o incluso un competidor no están prohibidas por la ley de competencia, ya que es en beneficio de todos. Tales acciones pueden ir desde reuniones periódicas con intercambio de experiencias, hasta pactos firmados con o sin sanciones definidas.

Para la empresa no solo basta con crear una vez un buen auto de carrera, debe recibir un mantenimiento regular y debe revisarse de vez en cuando, si aún es el auto que necesitamos. Dado que el entorno legal, social y empresarial está en constante cambio, la dirección y el Compliance deben analizar estos factores para decidir si debemos adaptar nuestro coche a ellos. Según Lauda, cuanto mejor entendamos el sistema de Compliance implementado y las condiciones comerciales, mejor podremos adaptarlo y usarlo. Para asegurar una adecuada actualización del sistema de Compliance, son necesarios el conocimiento y la experiencia, ya que incluso los cambios menores en una de las diversas partes pueden tener grandes consecuencias en el desempeño. Se espera que los resultados sean positivos, pero también podrían ser los contrarios.

Independientemente de si se realizó antes de la implementación del sistema de Ética y Compliance o no, se debe realizar una Evaluación de Riesgos de Compliance periódicamente. Los adelantamientos son parte de la carrera. Por supuesto, el coche de delante intenta esquivarlo, aunque sea más lento que el de detrás. Al pasar por una curva, el auto de adelante tomaría el interior de la pista, esto con la idea de que normalmente el conductor de atrás no se arriesgaría a adelantar por el exterior, ya que esto requiere un punto de frenado posterior y asumir riesgos adicionales. . Esto lleva a entender erróneamente que la curva le pertenece al conductor por dentro y que adelantar por fuera va en contra de las reglas no escritas. En el Gran Premio de Fórmula Uno de Holanda de 1977, James Hunt había estado liderando a Mario Andretti, ya que el último intentó adelantar por la curva exterior. Se produjo una colisión y los conductores se culparon mutuamente por ello. Hunt con la opinión de que era su curva y Andretti respondió: "Estaba manejando por afuera tratando de pasar cuando él solo empujó mi rueda y se noqueó". En general las curvas de la pista son los lugares donde se desarrolla la mayor parte de la acción, esto incluye maniobras de adelantamiento, accidentes entre diferentes competidores o también solo, ya que un coche podría salirse de la pista por una frenada demasiado tardía. Esto último podría ser causado por un error humano o una falla mecánica (o electrónica). Los espectadores de Fórmula Uno son conscientes de esto, esto explica por qué la mayoría de los visitantes se sientan alrededor de las curvas. En Rally-deportivo la ruta es demasiado complicada de recordar para el conductor. Debido a esto, el copiloto anotó todas las curvas y otra información importante de la pista antes del inicio de la carrera. Mientras corre, el copiloto informa al conductor continuamente sobre las próximas curvas, similar a un sistema GPS en los tranvías de hoy.

El Oficial de Compliance debe administrar activamente sus recursos limitados, es decir, utilizarlos en relación con los riesgos del negocio. Al igual que el problema de la curva, el coche de Compliance debe moverse hacia el interior, ya que esta sería la posibilidad más probable de adelantar, pero, sin embargo, la situación debe controlarse ya que también existe la posibilidad, poco probable, de adelantar en el exterior. Los controles de Compliance deben centrarse en las áreas de riesgo, pero de vez en cuando también se deben monitorear otras áreas, ya que la corrupción busca una forma de eludir los controles.

Todos los empleados deben "pensar antes de conducir" y hacerlo con conciencia. Nuestros competidores son una permanente tentación de acelerar, pero es imperativo mantenerse dentro de los límites para no provocar un choque. Un Compliance Officer experimentado puede confirmar la filosofía de Juan Manuel Fangio: "Las carreras no se ganan en la primera curva, sino que muchas veces se pierden ahí".

Si la situación lo permite, podemos reducir la velocidad para reducir el riesgo. Incluso si con esta ventana emergente nuevos factores de riesgo, como perder la concentración en la última vuelta y los errores por descuido relacionados.

Debemos ser honestos, las carreras siempre incluyen riesgo, al igual que hacer negocios siempre significa aceptar un cierto nivel de riesgo. Siempre puede ocurrir una falla técnica o un accidente basado en un error del conductor. De acuerdo con esto, incluso el programa de Compliance y Ética más eficiente puede fallar en una situación. Las empresas quieren empleados inteligentes, si carecen de integridad o son víctimas de Ceguera Ética, es posible que los controles no detecten una violación legal. Se necesita un Plan B, para el Compliance esto significa ofrecer una línea directa anónima para denunciantes. Para que esto funcione, se requiere un motor potente. El uso de una línea directa para denunciantes significa que un empleado debe abandonar su zona de confort, es posible que la denuncia adicional no siempre conduzca directamente a una ventaja personal obvia. Au contraire, varios casos dejan (al menos temporalmente) consecuencias negativas para el individuo. En tal situación, los empleados deben tener fuertes valores positivos y confianza en el auto de carreras, o en otras palabras, estar seguros de que incluso si no se detectó una infracción parcialmente, en general, cuando la empresa sea consciente de estas circunstancias actuará y responder adecuadamente a ellos. Esto subraya que una línea directa para denunciantes no puede reemplazar un sistema de controles y procesos sostenibles, pero es parte de dicho programa de Compliance y Ética.

Caja de herramientas Asiento del conductor:

- ¿El Departamento de Compliance cuenta con el personal adecuado?
- ¿Ejecutaron una evaluación de riesgos de Compliance?

2.12 Conductor de pruebas / Cerca del negocio

Como se discutió, la posición ideal para el Compliance es ser percibido como el Asesor de Confianza. Esto requiere conocimientos éticos, legales, de Compliance, pero también empresariales. En el mundo del automovilismo, esto es similar. Las tareas de los pilotos de hoy no se limitan al fin de semana de carrera, su trabajo comienza ya el primer día después de la última carrera del Gran Premio de la temporada. Las especificaciones para la próxima temporada deben ser probadas. Cuando esté listo, el nuevo coche se ve muy bien en la presentación a la prensa, pero para todo el equipo vendrán meses de intenso trabajo. El nuevo vehículo debe ser completamente probado para entenderlo y poder liberar su máximo rendimiento. Los pilotos son una parte importante de esta tarea, ya que con su experiencia en carreras deben explicar a sus ingenieros cómo cada una de las diferentes configuraciones conduce a una mayor o menor velocidad.

Para ello los acompañan los pilotos de pruebas. Estos pilotos tienen experiencia en carreras, pero en realidad no compiten en el campeonato. Esto a menudo ya que no ganaron uno de los lugares limitados en los equipos. No solo por falta de talento, sino más por falta de dinero de patrocinadores. Una posición como piloto de pruebas en un equipo fuerte es una posición atractiva, ya que con esto te mantienes conectado con los deportes y puedes esperar que puedas reemplazar a uno de los pilotos actuales o recomendarte para un lugar en la próxima temporada.

Además de los típicos pilotos de pruebas, hay ingenieros de carrera con capacidades de carrera. Aquí están los pilotos retirados, que obtuvieron una educación técnica para continuar en los deportes de motor después de retirarse de su primera carrera. Pero aquí también podrían estar los ingenieros, a los que les empezó a gustar conducir. Incluso si no compiten en las principales carreras de velocidad, como la Fórmula Uno, a menudo compiten en carreras de 12 o 24 horas, ya que los equipos regulares necesitan un piloto adicional. Un experto experimentado, que sabe conducir rápido y con cuidado, siempre es un enriquecimiento bienvenido.

Un departamento de Ética y Compliance no tiene un perfil de trabajo requerido para sus miembros. El personal viene para Legal, Auditoría Interna, Finanzas, pero también Control de Calidad, Negocios o Gestión de Proyectos. Si el departamento consta de más de una persona, es beneficioso que el personal tenga antecedentes divergentes. Si esto no es posible, los campeones de Compliance pueden lograr dicha entrada de carrera. Empleados del Negocio que asumieron un rol adicional de Compliance y Ética, por ejemplo, para una ubicación especial o tipo de negocio. Son un punto de contacto para sus colegas, pero además son una posibilidad invaluable para que el departamento de Compliance obtenga experiencia adicional, aportes y pensamientos nuevos. Al igual que el Oficial de Ética y Compliance, estos Campeones deben ser percibidos como un Asesor de Confianza. Los empleados saben que, por supuesto, no son expertos en todos los temas de Compliance, pero pueden compensar esto siendo percibidos como una persona y un empleado de confianza. Tal rol no tiene que ser desempeñado por un colega experimentado desde hace mucho tiempo, también los empleados jóvenes interesados pueden usar esto como un trampolín para su futura carrera:

Caja de herramientas Conductora de prueba:

- ¿El departamento de Ética y Compliance tiene diversos miembros con diferentes calificaciones?

- ¿Los recursos temporales traen conocimiento del negocio al departamento de Compliance?
- ¿Compliance tiene la posibilidad de adaptar procesos y lineamientos?

2.13 Casco / Evaluación de Riesgos Personales

Una vez, un reportero le preguntó al piloto finlandés de Fórmula Uno, Kimi Räikkönen, si su casco tenía un significado especial para él. Esto con la idea de conocer más sobre el diseño o posibles rituales personales antes de la carrera. En cambio, Kimi respondió: "Me protege la cabeza".

Ser Oficial de Compliance significa para muchos una función solitaria, ya que debido a un presupuesto limitado, el personal de Compliance se ajustó al mínimo, lo que a menudo significa una sola persona. Especialmente en la fase de implementación, auditoría o control, no siempre es un trabajo para hacer amigos. No todos los empleados pueden convencerse al principio de participar activamente en el cambio o proporcionar la información solicitada a tiempo. El Oficial de Compliance debe elegir sus batallas para dejar claro el mensaje de que nadie está por encima de los lineamientos de la empresa. Más apropiadamente, estos empleados también se encuentran en la gerencia media. Aquí es importante hacer un punto y, si es necesario, atravesar la pared. ¡Definitivamente se necesita un casco!

Por supuesto, tales confrontaciones deberían ser la excepción, ya que requieren resistencia. Falta esa energía para otras tareas. El Oficial de Compliance deberá elegir sus batallas, ya que no todo es una decisión fundamental. Además de esto, una Evaluación de Riesgos Personales apoya el proceso de toma de decisiones. Una victoria de Pyrrhic puede conducir a una posición debilitada del Oficial de Compliance. Luego, el siguiente error puede tener consecuencias drásticas, como un acceso menos efectivo a la alta dirección y hasta la pérdida de trabajo. Un número limitado de conflictos puede estar en el mejor interés de las organizaciones, pero las emociones deben mantenerse bajas para no poner en peligro la cultura positiva y la sostenibilidad de la empresa.

No todos los desafíos son una victoria fácil para Compliance, ya que el viento en contra puede ser fuerte. Además del casco, el mono ignífugo y los zapatos son otro imprescindible. O, en otras palabras, se requiere un carácter fuerte para mantenerse motivado y no tomar las críticas como algo personal. Al igual que un piloto de carreras no siempre gana la carrera y, a veces, incluso choca el auto, también todos los procesos y controles de Compliance no son perfectos desde el principio. Se necesita tiempo y experiencia para encontrar el equilibrio perfecto entre controles sólidos y procesos no burocráticos. Para tener éxito en el campeonato a largo plazo, la empresa debe proporcionar el casco a Compliance, para que su personal pueda defender las decisiones requeridas.

Caja de herramientas Casco:

- ¿El personal de Compliance recibe un liderazgo adecuado y otra capacitación en recursos humanos?

- ¿El personal de Compliance participa en redes globales para intercambiar experiencias?

- ¿El personal de Compliance está facultado por la gerencia?

3 Conclusión

"Compliance es un Coche de Carreras."

La construcción de un coche de carreras requiere mucho tiempo, además no es una tarea única. En competición se cuenta cada detalle y microsegundo. Nuestro automóvil de Compliance no solo requiere un mantenimiento regular, sino también un desarrollo continuo. Los negocios cambian y también lo hacen los riesgos y tentaciones de corrupción. Una posición inmóvil significa automáticamente un paso atrás. Otros coches pueden acercarse o incluso intentar adelantar. Si presionamos demasiado a un automóvil de Compliance inadecuado, podemos sobrepasar el límite y provocar un accidente. No solo con resultados fatales para el conductor, sino para toda la organización, ya que un caso de corrupción puede significar el fin de la empresa, a corto o largo plazo. Por otro lado, un automóvil de Compliance fuerte garantiza el éxito sostenible de la empresa, ya que es flexible y rápido, incluso en pistas difíciles. Es importante entender que el sistema de Compliance es complejo. Incluso cambios menores en un lado pueden tener consecuencias relevantes en otras partes. Esto no solo dentro de los procesos en sí, sino también relacionado con la interacción con el personal, tal como dijo una vez Mario Andretti: "Un auto de carreras es un animal con mil ajustes".

3.1 Compliance: ¡Consigue tu coche de carreras!

El equipo Ferrari tenía un auto competitivo para el Campeonato de Fórmula Uno de 1979. El 312 T4 fue una evolución aerodinámica basada en su predecesor, el 312 T3. Como novedad para Ferrari, por primera vez su coche incluía también efectos de suelo. Los ingenieros no solo calcularon cómo pasa el aire por encima del coche, sino también cómo lo hace por debajo del vehículo. Los dos pilotos de la Scuderia, Jody Scheckter y Gilles Villeneuve, no dominaban el campo, habían sido competitivos desde la primera carrera, el Gran Premio de Argentina.

En general, el auto funcionó bien durante la temporada, pero sin embargo, los ingenieros crearon una versión especial para el Gran Premio de Mónaco. A diferencia de otras pistas, esta era una vía llena de curvas a través de la ciudad, lo que significa que el motor y la velocidad máxima no jugaron un papel tan importante, sino las habilidades del conductor y el manejo del auto de carrera. Como consecuencia, el equipo cambió la posición del alerón trasero de detrás del auto a encima del auto, poco antes de las llantas traseras. Esto les dio a los pilotos una ventaja adicional para la difícil carrera y Scheckter pudo lograr una de sus tres victorias en la temporada. Suficiente para que se convirtiera en Campeón del Mundo y junto a los resultados de Villeneuve, la escudería Ferrari también ganó el Campeonato de Constructores. Como agradecimiento, Scheckter recibió un T4 después de la exitosa temporada.

1979: Ferrari 312 T4, 3.0L, V12, 515hp @ 12300rpm, 320km/h, 590kg, design by Mauro Forghieri

Con base en una primera evaluación de riesgos de Compliance, una empresa u organización debe comprender en qué tipo de competencia está participando. Si están activos en mercados riesgosos, su elección debería ser un auto de rally 4x4 robusto, si sus mercados son más transparentes, podría ser una Fórmula Uno rápida. La idea básica es que los valores de la empresa son nuestro motor y controlan nuestra aerodinámica. Las pistas normales de F1 son rápidas e incluyen grandes zonas de seguridad a izquierda y derecha de la calle. Para las empresas esto significa que las leyes son transparentes y se ejecutan adecuadamente. Mónaco, con sus muchas curvas y edificios directamente al lado de las calles, representa una región no transparente. Las leyes son burocráticas y la impunidad está muy extendida. Los valores por sí solos no son suficientes, ya que los empleados podrían no conocer o comprender los requisitos legales y cada error de manejo significa terminar en un muro; ¡carrera acabada! En una pista así, el motor tiene menos importancia en relación con la aerodinámica. Instalar un gran alerón trasero (controles) sobre el motor (valores) ofrece una ventaja.

En un segundo nivel, aprendemos que un sistema global de ética y Compliance debe ser flexible para adaptarse a mercados especiales. Si una región es menos transparente que el mercado global, los controles adicionales deberían ser fáciles de agregar. De esta forma, el Compliance conduce a la Sostenibilidad:

Valores (fix) + Estrategia (fix) + Compliance (flexible) = Sostenibilidad

Con esta mentalidad, nosotros, al igual que Scheckter en el 79, podemos escuchar el famoso saludo anual del Príncipe de Mónaco: "¡Estoy feliz de que seas tú, quien ganó la carrera!"

3.2 El hombre-máquina

El campeón de Fórmula Uno, Juan Manuel Fangio, dijo una vez: "El piloto de un auto de carreras es un componente. Cuando empecé, solía agarrar el volante con firmeza y cambiaba de marcha con tanta fuerza que me lastimaba la mano".

Definimos que un auto de carrera exitoso consta de muchas partes distintas, pero igualmente importantes son las habilidades del conductor. Fangio se dio cuenta de que no hay separación entre máquina y conductor, sino que deben trabajar como uno solo. Como hay diferentes autos y configuraciones disponibles, también cada ser humano es diferente. Como resultado, no todos los conductores son rápidos con el mismo automóvil, sino que la configuración depende del estilo de conducción personal. Este es un punto relevante para un Oficial de Ética y Compliance. Todos somos diferentes, algunos son extrovertidos, otros introvertidos. Además, la educación y la experiencia son otros factores clave. Si un nuevo miembro ingresa al grupo de Compliance, debe revisar los materiales de capacitación, si realmente funcionan con su propio estilo de presentación. Pero no termina aquí, cada uno tiene sus propios temas de enfoque. Debido a esto, la configuración del automóvil debe adaptarse a este nuevo jugador. Solo si el Oficial de Compliance se siente 100% cómodo con el programa, él o ella puede convertirse en uno con el automóvil. Esto no se limita a las herramientas y pautas, sino que también incluye al equipo de Compliance. Para tener un departamento fuerte, no solo se requiere tener los mejores empleados, sino hacerlos trabajar juntos. Si un empleado altamente calificado no puede trabajar con el equipo, deben ocurrir cambios; relacionadas con este empleado o el equipo. Al final, un empleado, que puede parecer menos calificado en el papel, puede contribuir a un mayor rendimiento del equipo como el individuo mejor calificado, que no encaja en el grupo. Una tarea sensata para el gerente es convertir a un grupo de empleados en un equipo de desempeño sólido.

1956: Lancia Ferrari D50, 2.5L, V8, 285hp, 280km/h, 620kg, design by Vittorio Jano

Al final, la carrera de Fórmula Uno de Fangio con Ferrari solo duró una temporada. Era el piloto más fuerte en ese momento, ganó el título de pilotos con la Scuderia, pero sin embargo, él y Enzo Ferrari decidieron tomar caminos separados al año siguiente, ya que debido al carácter de Fangio no se integró al equipo. Ha habido tensiones entre los diferentes pilotos y era solo cuestión de tiempo que estas desemboquen en un grave problema. Así como cada individuo tiene un carácter distintivo, también lo tiene cada grupo. Algunas personas se adaptan fácilmente a un grupo, pero sin embargo esto no significa automáticamente que esto funcione con todos los grupos. A veces es mejor analizar la situación y concluir que ciertas personas no pueden trabajar juntas, incluso si no es posible identificar claramente quién tiene la culpa.

"Compliance es un Coche de Carreras."

3.3 El taller

Enzo Ferrari siempre trató de evitar un culto a las estrellas en torno a sus pilotos, para ello señaló la importancia de los coches para las posibles victorias. En la primera vista, se podría entender que prefería la máquina al individuo, pero en la segunda, apoyaba una cultura corporativa en la que se reconoce que todos los miembros del equipo son relevantes para el éxito de la Scuderia. El automóvil es el símbolo del trabajo en equipo, ya que es el resultado del trabajo conjunto de un equipo, incluidos pilotos, ingenieros, gerentes, trabajadores, pasantes, etc. Por lo tanto, el éxito solo puede ser un trabajo en equipo.

Si el Compliance es un auto de carreras, está claro que el Oficial de Compliance no solo es responsable en la pista de carreras, sino también entre los fines de semana de carreras e incluso entre los campeonatos. Los empleados de Compliance no solo podrán diseñar y competir con el automóvil, sino también repararlo y construirlo. Con base en esta filosofía, el departamento de Compliance requiere empleados con antecedentes y experiencias diversas. Debido al enfoque en la integridad y la ética, Compliance no es, en primer lugar, una función legal, pero debe ser independiente de las estructuras locales y reportar directamente al directorio. Como conclusión, los empleados pueden provenir de todos los antecedentes educativos y funcionales; legal, comunicación, auditoría interna, gestión de proyectos, administración de empresas, recursos humanos, etc. Importante, si el departamento de Compliance está formado por más de una persona, es beneficioso que los distintos miembros incluyan diferentes experiencias. Especialmente la gestión de proyectos es una habilidad válida, ya que con bastante frecuencia se requiere implementar nuevas herramientas y procesos, lo que no solo significa la puesta en marcha o la aprobación de una directriz, sino también la creación de una cultura de cambio positiva.

La evolución del coche tiene sus limitaciones, después de varios campeonatos puede ser necesario enviarlo a la fábrica museo y desarrollar un coche completamente nuevo. Desde 2014 comenzó un campeonato completamente nuevo, la "Fórmula E", una serie monoposto que utiliza propulsión eléctrica. Por supuesto, todavía no recibe el mismo nivel de atención que la Fórmula Uno, pero está aumentando. Esto como espectadores (a menudo nuevas generaciones, sin contactos previos con los deportes de motor) están interesados en los motores eléctricos, y los fabricantes pueden utilizar esta etapa para promover sus soluciones. Ya la temporada 2017 contó con la participación de grandes empresas y más fabricantes están interesados en sumarse en los próximos años. No dejar otros campeonatos, sino utilizar la Fórmula E como escenario adicional.

Hoy nos encontramos en los albores de una nueva ola de automatización, no solo limitada a fábricas y talleres, sino también a oficinas. Una gran cantidad de trabajos administrativos corren el riesgo de ser reemplazados por software inteligente. Por otro lado, el desarrollo tecnológico abre nuevas posibilidades para el departamento de Compliance. La atención de las preguntas más frecuentes se podría realizar mediante un chat-bot, de modo que el recurso humano del departamento pudiera concentrarse en los temas más sofisticados. De esa manera, se puede dedicar más tiempo a las discusiones y evaluaciones requeridas, ya que una máquina podría ejecutar el trabajo de rutina. El desarrollo tecnológico, utilizado de manera inteligente, puede ayudar al Oficial de Ética y Compliance a concentrarse más en el individuo humano que en las leyes y directrices escritas.

"Compliance es un Coche de Carreras."

Pepe, El Coche de Carreras Rojo

"Pepe, El Coche de Carreras Rojo", Patrick Henz, 2014, 1. edición, 29 paginas

ISBN-13: 979-8595949699

Pepe era el coche de carreras más rápido a principios de la década de 1950 y estaba en la mejor forma de ganar el Campeonato del Mundo. Pero luego su oponente John comenzó a usar medidas injustas y el éxito merecido parecía estar fuera de su alcance.

¡Pepe decidió de luchar por su sueño y contra la corrupción! Un libro rápido y entretenido para niños a partir de 6 años. Como el comportamiento ético o corrupto ya se aprende en la juventud, la historia es una buena base para discutir este tema con padres o maestros.

SOBRE EL AUTOR

"Compliance es un Coche de Carreras."

Patrick Henz inició su carrera en Información Corporativa y Compliance a finales de 2007, cuando fue responsable de la implementación de un programa Anticorrupción en México y varios países de Centroamérica y el Caribe. Junto con estas tareas, obtuvo información valiosa sobre los programas globales de Compliance, con un enfoque en América Latina. Desde 2009, en su rol de Oficial de Compliance, es responsable de un programa de Compliance efectivo; basado en la identificación, protección, detección, respuesta y recuperación y combinado con integridad, respeto, pasión y sostenibilidad. Con estos medios, define al Compliance como función proactiva, siendo percibido como guardián, experto y facilitador. El foco está en la información para asegurar un comportamiento adecuado, no solo del empleado humano, sino de la Inteligencia Artificial incluida.

Esto incluye la planificación y ejecución regulares de evaluaciones de riesgos de Compliance y otras revisiones globales. De acuerdo con una estrategia de sustentabilidad efectiva, donde el Compliance juega un papel clave, promueve activamente esta idea en talleres y conferencias universitarias (incluido el Boot-Camp de Compliance de ACI 2013, '15 y '17 en Houston). Al hacerlo, se convirtió en dos veces presidente de honor de la Conferencia Latinoamericana de Compliance Corporativo de Marcus Evans 2011 y 2012 en la Ciudad de México, panelista en la Cumbre de México de The Economist 2015 y cofundador del Foro de Ética y Compliance de México, incluido editor y coautor del Manual de Ética y Compliance, publicado en abril de 2014.

Desde 2013 vive y trabaja en Atlanta, Estados Unidos.

www.ingramcontent.com/pod-product-compliance
Lightning Source LLC
Chambersburg PA
CBHW030453220526
45464CB00006B/2515